JN410010

계단 좀 내다 버려

오경자 수필집

교음사

책머리에

암울한 세월에 독자를 만나고 싶어서

코로나로 암울하던 세월이 어느새 3년이다. 마냥 의기소침해 지낼 수는 없는 일이어서 굳건히 일상을 소화하고 지냈지만, 항상 뒷덜미가 누군가에게 끌리고 있는 듯한 불안감에서 벗어날 수는 없었다. 이럴 때일수록 더 강한 추진력으로 일을 하지 않고는 감당이 될 것 같지 않아 밀린 원고들을 모아 책을 엮기로 결심했다.

항상 마음에 차는 글들이 아닌 것이 많지만 수필의 경지에 도달하려고 애쓰며 써온 글들을 독자에게 한 권의 책으로 묶어 바치는 것이 도리라 생각되어 용기를 내었다.

손녀가 4살 때 연립주택 4층인 할미 집에 와서 계단을 오르며 일갈했다. '계단 좀 내다 버려라.' 아파트인 제집은 계단 오르내리는 수고를 안 해도 되는데 할미 집에만 오면 타박타박 4층까지 기어올라야 하니 심통이 났던 것 같다. 얼마나 솔직하고 아이다운 표현인가? 아이를 안고 올라오면서 나 혼자 손녀 둔 것같이 부풀었던 가슴이 지금도 뛰는 것 같다. 그 아이가 올해 성년을 맞았다.

고등학교를 졸업하고 성년이 된 금쪽에게 제 어록을 표제로 한 이번 수필집을 선물하고자 한다. 이제 할미도 아파트로 이사를 해서 계단 고생은 안 하고 집을 드나든다. 세상을 살면서 마주치는 문제들을 진정한 수필 한 편으로 빚어내려 각고의 노력을 했지만, 독자들의 가슴에 얼마만큼의 감동을 선사할 수 있을지 모르겠다. 적극적으로 독자들을 만나고 열심히 쓰고 또 쓰고 싶다. 사랑으로 읽어 주시고 관심으로 격려해 주셨으면 좋겠다.

책이 나올 때까지 격려와 후원을 아끼지 않으신 이민호 선생님의 사랑을 마음에 새기며 항상 좋은 책을 펴내는데 정진하는 교음사의 강병욱 대표와 류진 편집국장께 깊이 감사드린다. 사랑하는 손녀의 행복한 미래를 바라며 기도하는 심정으로 그 아이의 가슴에 이 책을 전한다.

2022. 9.

녹번 서재에서 창공을 바라보며 저자

차례

3. 더 못 써서 안달

4. 어느 가을날

5. 문인의 가을걷이는 창작

6. 5월은 여전히 희망이다

1

제대로 짖는 개를 만나고 싶다

행복이 별거더냐

'오늘도 건강하게 걸어 나갈 수 있게 해 주셔서 고맙습니다.'는 기도를 입속으로 곱씹으며 문을 나선다. 당연히 걸어 나가는 것이지 그 예사로운 일에 눈물겹도록 고맙다는 생각이 진솔하게 가슴을 밀고 올라오면서 입술을 달싹거리게 된 것이 언제부터인지 알 수 없으나 이제 거의 일상이 되었다. '기도를 해야지, 그래야 건강하게 해 주시지' 하는 등의 강박관념이나 의식적인 것이 아니라 무의식적으로 반복하고 있는 버릇같이 된 지 오래다. 만사에 한없이 느긋해지고 모두가 긍정적으로 받아들인 것도 이 버릇과 무관하지 않은 것 같다.

지하철 개찰구를 나가는 순간 노인용 엘리베이터 문이 열려 있다. 같이 가자는 뜻으로 문이 열려 있도록 잡아달라는 무언의 몸짓을 하며 급히 걷는데 그대로 문이 닫히고 내려가 버린다. 못 봤겠지, 급한 볼일이 있었나 보지, 먼저 탔으니까 앞서 내려가는 것은 당연하지 뭐, 시적시적 다가

가 내려가는 표시등을 느리게 누르고 멍청히 서 있다. 한참이나 기다린 후에야 열리는 문 안으로 들어선다. 달려오는 사람들을 위해 기다려 주려고 열림 표시 위에 손을 가까이하고 서 있는데 아무도 오지 않는다. 문이 닫히고 내려가려는 찰나에 밖에서 표시등을 눌러 다시 문이 열린다. 다시 한참을 기다려야 한다. 좀 전의 내 모습이 떠올라 올라오려는 짜증을 가라앉히고 심호흡을 한다.

개찰구를 막 통과했는데 앞서 나간 부인이 행선지를 대며 이리 가면 맞느냐고 묻는다. 반대 방향으로 나왔는데 그 길이 좀 찾아가기 복잡한 곳이다. 시간이 있기에 안내해서 태워주고 갈 길을 갔다. 지하철에서 내려 환승하러 가는데 젊은 여인 셋이서 심각하게 대화하며 고개를 갸웃거리고 지도를 들여다본다. 가까이 가 보니 일본 관광객이다. 서툰 영어 몇 마디를 건네니 한 친구 옆구리를 쿡쿡 찌르며 빨리 대화하라고 재촉이다. 찾는 곳을 알려주고 돌아서는데 기분이 묘하다. 요즘 일본인을 생각만 해도 입맛이 썼는데 지금 베푼 친절의 정체는 무엇일까?

하루 일을 다 마치고 집으로 돌아간다. 다섯 번의 모임을 쫓아다닌 하루가 필름처럼 지나가는데 빙그레 웃음이 번지며 고맙습니다는 말이 입술을 밀고 새어 나온다. 칭찬을 많이 받아서 고맙고 모욕에 가까운 억울한 소리에 화내지 않고 잘 응대해서 더 고맙다. 정답게 소곤대며 지나가는 젊은 부부를 보면서 청춘으로 돌아갈 수 있어 좋았다. 서로 부축하며 지나가는 노부부를 보면서 부럽다 못해 콧날이 시큰해졌지만 잠시 잊었던 짝꿍을 떠올릴 수 있어 즐거웠다. 나름 중책을 잘 감당하고 있다는 자긍심이 하늘의 남편에게 걱정 말라는 편지를 쏘아 올린다.

유모차에서 올려다보는 아가의 눈망울이 초롱거려 눈부셨고 두 뺨이 만져보고 싶을 만큼 사랑스러워 젊은 엄마가 된 착각에 빠질 수 있어 행복했다. 무거운 책가방을 메고 힘겹게 걸어오는 학생이 스치고 지나갈 땐 희망이 강렬한 힘으로 바람을 일으키는 것 같아 생기가 솟아나 신났다. 그때의 풋풋한 시절이 생각나 한동안 힘이 불끈 솟는 것 같았다. 수북이 쌓인 낙엽도 오늘은 풍성해 보인다.

복잡한 일의 실타래를 풀어주기도 하고 애정 어린 배려를 받기도 한 하루다. 아직 아이디어를 낼 수 있는 총기가 남아 있어 고맙고 이해해 주는 사람들이 주변에 있어 흐뭇하다. 살아온 날보다 남은 날이 훨씬 적은 이 시점에서 이만큼이라도 덜 편협한 마음을 가질 수 있어 다행이다. 해 본 것이 많으니 아쉬울 것이 적다. 해보려고 최선을 다했으나 이룬 것이 적으니 못 이루는 일에 대한 미련으로부터 자유로울 수 있는 특권이 생겼다. 수없이 좌절을 겪었으니 어지간한 일에 실망하지 않는 뚝심도 대단하니 부자 아닌가.

무슨 좋은 일이 있기에 그렇게 표정이 밝으냐며 채소가게 주인이 반긴다. 세상 살아가는 게 다 좋은 일 아니겠냐는 대답에 고개를 갸웃하며 한마디 던진다. 참 행복한 분이시라고. 그래 행복이 별거더냐 오늘 같은 하루를 보낸 이런 것이 바로 행복이지, 아무렴 그렇고말고. 두부 한 모 사 들고 가게 문을 나선다. 된장 한 숟가락 풀어 넣고 구수한 두부찌개를 한 뚝배기 끓이면 온 식구가 다 같이 행복한 저녁상을 마주할 것이다. 그래 행복이 별거더냐.

할 말도 못하면서 무슨 글을

아침저녁 불어오는 시원한 바람이 가을이 왔노라 속삭인다. 그래 가을이다. 언제 그리도 지독히 더웠더냐 싶게 때로는 서늘하기까지 한 어제오늘이다. 이만하면 가을인 것을 숨이 막힐 것 같은 더위에게 비굴할 정도로 항복하며 끌려다닌 것이 억울하기도 하고 계면쩍기도 하다. 사람이 이렇게 간사한 것인지 미처 몰랐다.

어디 더위뿐이랴. 달면 삼키고 쓰면 뱉는 염량세태야 어제오늘의 일만이 아닌 것을 새삼스레 탓할 필요도 없다. 하기야 요즘 같아서는 이도 저도 다 좋고 전쟁만 나지 않고 살 수만 있다면 더 바랄 것이 없을 것 같은 형편이다. 자식들이 편안히 살 수 있는 나라가 될 것이라는 확신만 선다면 다른 것이야 이래도 저래도 다 탓하지 않고 보아 넘길 수 있을 것 같다.

그것이 우리 일인데 우리가 어떻게 할 수 있는 처지가 못 되고 속만 태워야 하는 신세이니 기가 막힐 일이다. 이

소리 저 소리 해 보지만 우리의 절규에 그칠 공산이 커서 걱정이다. 이런 형편이다 보니 우리가 할 수 있는 최선의 방법은 안보를 위해서, 자유민주주의를 지키기 위해서 한목소리를 내고 대동단결해야 한다.

이럴 때 세상의 등대에 비유되는 우리 문인들은 신명을 바쳐 정녕 나라를 지킬 수 있는 글을 소신껏 써야 할 의무가 있다. 특히 수필은 문학의 본령 중 하나인 시대를 기록하고 정확한 메시지를 전하는 주제가 정확한 글을 쓰는 장르이기에 이런 사명을 다하기에 가장 적절한 글이라 생각한다.

서정이 문학의 근본이니 그런 소신을 정확히 전하는 메시지 있는 글을 쓰더라도 정감있게 써야 독자에게 깊은 공감을 불러일으킬 수 있다. 이런 연유로 우리 수필인들은 이런 나라 형편에 오불관언하지 말고 담대하게 소신을 피력하는 작품을 빚어야 한다.

가을이다. 윤5월이 있는 해여서 아직 음력 7월이지만 여기저기서 과일이 향긋하게 익어가고 논이 누렇게 옷 갈아입을 채비가 한창이다. 올해에도 국제펜한국본부는 3번째 세계한글작가대회를 열어 한글의 우수성을 재확인하고 한글로 글을 쓰는 세계인들을 불러 모아 천년 고도 경주에서 문학의 향기를 마음껏 뿜어내고 있다.

은평구는 국립문학관을 은평에 유치하겠다는 열망을 담아 '이호철 통일문학상'을 제정하여 1회 시상식을 갖는다. 300여 개에 가까운 기초 지방자치단체 중 하나인 구 단위에서 문학상을 크게 운영하는 곳이 영등포구에 이어 두 번째인 것으로 아는데 상금이 5천만 원이란다. 경제 자립도도 낮은 구로서는 엄청난 결단이 아닐 수 없다. 우리 문단 형편으로 볼 때 거액의 상금을 책정한 이번 은평구의 결단과 문학사랑 정신에 문단으로서 큰 감사의 뜻을 표해야 할 일이라고 생각된다.

탈향을 시작으로 썼으니 귀향을 마지막 작품으로 쓰고 가고 싶다는 이호철 소설가는 안타깝게도 실제로 고향 땅을 밟는 귀향을 못 했을 뿐만 아니라 소설로 쓰겠다는 귀향의 꿈마저 이루지 못한 채 작년 9월 17일 타계했다. 이번에 그의 1주기에 맞춰 '이호철 통일 문학상'의 시상식을 DMZ 안에서 열게 된 것은 의미 있는 일일 수 있다 하겠다.

모처럼 자치단체가 큰일을 한다 하니 친구까지 불러 모아 함께 시상식장을 향해 가고 있는 중이다. 아직 가을이라기엔 좀 이른 편이건만 DMZ 안으로 들어서니 괜히 등이 서늘한 것 같다. 날씨가 아닌 기분이 그렇게 만들고 있는 것이다. 어딘지 삭막하고 거북하고 자꾸 섬뜩해진다. 휴전선이라는 것이 가까이에 있고 갈 수 없는 땅에 가까이 가고 있다는 생각이 오금을 저리게 만들어서이다.

이래서 우리 세대가 어서 죽어야 통일이 될 거라고 악담(?)을 하는 젊은이들이 있는지도 모르겠다. 우리처럼 6·25를 겪은 세대 사람들은 아무리 무어라 해도 역시 북은 적이다. 민족을 부정하는 것이 아니라 공산주의는 용납이 도저히 안 된다는 말이다. 가까이 가기에도 겁이 나는 존재인 것을 어이하랴. 오늘의 수상자가 그동안 우리나라에 자유롭게 드나들지 못한 재일동포라 하니 머리가 복잡해진다. 영웅도 시속을 따르라 했으니 어디 가서 만나볼 수밖에.

가을의 낭만에 젖을 수 없는 가을 여행을 마치고 돌아가는 차에 오르기는 했는데 하늘은 푸르건만 마음은 한없이 흐리니 무슨 조화인지 모르겠다. 세상에 태어나서 그렇게 긴 수상 소감은 처음 들었다. 작가 자신의 정치적 소견 발표를 1시간 가까이 듣고 있느라 동원된 절제력 때문에 뒤늦게 머리가 지끈지끈하다. 사상의 자유, 표현의 자유, 아아 정녕 좋은 것이로구나. 역시 대한민국은 살 만한 나라이다. 그런데 자꾸 소리를 지르고 싶다. 아니 발 뻗고 앉아 실컷 울었으면 좋겠다. 한마디 대거리조차 참아낸 오늘, 이 1시간 때문에 아니, 나 자신의 비겁한 몰골 때문에 몇 날 밤을 괴롭게 지새워야 할지, 마음은 깊은 수렁으로 빠져드는데 노을은 곱게 임진강을 물들이고 있다.

2017. 9.

그리움

사람의 기억 속에 그리움으로 남아 있는 것들은 어떤 것일까? 잘라 말하기 어렵겠지만 분명한 것은 싫지 않은 기억으로, 잊고 싶지 않은 마음속 사진일 것 같다. 고령화 시대에 희수가 무슨 벼슬일 것도 없는데 아이들이 신경을 쓰고 어미를 어떻게 기쁘게 해 줄까 얘기들을 많이 한 모양이다.

입시 문제로 정신이 없을 손자가 축하한다는 달랑 한 줄이 아닌 꽤 정성스런 글을 담은 카드를 주고 갔다. "어렸을 때 할머니가 해주신 저녁 메뉴 중에 명란젓과 스팸은 그리운 맛으로 제 마음속에 남아 있어요." 앞으로 좋은 소식으로 기쁘게 해 드리겠다는 덕담으로 마치고 낙엽이 남아 있는 산을 바라보며 손자가 썼노라고 끝을 맺었다.

"어머나 얘 좀 봐라!"

낙엽이 남아 있는 산을 바라본다는 표현이 신기해 입을 헤벌쭉 벌린 채 한동안 말을 잊은 할미는 손자 바보임에 틀림이 없다. 아이를 줄곧 돌보는 안사돈의 노고를 좀 덜어드리려고 일주일에 한 이틀 정도를 우리가 당번이 되기로 했는데 그런 날도 일이 있으면 남편에게 아이를 맡겨 놓고 저녁 시간에 허둥대며 들어가 저녁상을 차리곤 했다.

그럴 때면 식재료의 손질에서부터 시작하는 정성스런 요리(?)는 엄두를 내기 힘든 터라 부드러운 명란과 스팸 등을 자주 해 주었던 모양이다. 명란은 할아버지 반찬으로 가늘게 썬 파채에 참기름 한 방울 떨어뜨려 간단히 상에 올렸더니 아이가 자꾸 달라 해서 먹여 본 것이 시초였다. 스팸은 꺼내서 살짝 굽기만 하면 되니 역시 간편하고 맛과 영양이 모두 괜찮아 먹였다고 기억된다. 그러다가 명란을 익혀서 아이에게 자주 주었던 모양이다.

오히려 미안한 일일 수 있는데 잊고 있던 일을 아이는 그리운 맛으로 마음속에 담고 있다니 기막힌 일이 아닐 수 없다. 이제 저 아이에게 훗날 그리움으로 꺼내 볼 무엇을 저 푸른 가슴속에 심어 줄 수 있을까? 그저 저를 바라보며 헤벌쭉 웃을 줄밖에 모르는 이 할미의 고민은 깊어만 간다.

2018. 6. 20.

기억의 집

아침에 눈을 뜨니 가슴이 설레서 자꾸 마음이 헛놓인다. 하늘은 깨끗한데 시야가 희뿌예져서 흐릿하다. 서재 문을 열고 아버지를 만난다. 오늘따라 책상 위 아버지는 미소로 반긴다. 기다릴 테니 어서 오라는 환영의 표시인가 보다. 강의 날이라 낙성식엔 못 갔지만, 문을 활짝 열고 첫 손님을 맞는다는 날, 개관식은 차마 빠질 수 없어 휴강하고 나서는 길이다. 어머니의 산소 봉분 위 흙 한 줌 덜어 온 것을 소중히 품어 안고 집을 나선다.

인간 역사에 기억될 만큼의 중요 사건이 얼마나 많은가? 그중에서도 남겨질 만큼의 가치가 있는 것의 기준은 여러 가지가 있겠지만 인류사에 좋은 영향을 끼쳤거나 국가 민족을 위해 자신을 바친 사람들의 자취가 대부분이다. 다른 하나는 그 반대로 큰 해악을 끼쳤거나 비극적인 역사를 상세히 기록하고 남겨서 똑같은 불행을 되풀이하지 말자는 교훈의 장으로 삼고자 하는 경우이다. 유태인 학살의 현장인 아우슈비츠 같은 곳이 대표적인 예라 할 수 있다.

6·25전쟁 중에 무고한 민간인이 북한군에 의해 납북되어 끌려가 돌아오지 못했다. 고위 지도급 인사에서부터 청년에 이르기까지 무차별적으로 여러 분야의 사람들을 북으로 끌고 갔건만 그들은 그런 사실이 없고 자진 월북이라고 오리발을 내밀고 있다. 휴전 회담 때도 포로 문제만 타결하고 민간인 납북 문제는 유야무야되어 방치되었다. 9·28 서울 탈환 직후부터 가족들이 모여 움직였지만 아무 성과도 거두지 못했다. 어이없게 가족을 빼앗긴 가족들의 고통만 컸지 관심 밖에 있던 이 전쟁 납북자 문제에 나라가 관심을 갖고 조치를 취하기 시작한 것은 60년이 지난 후였다.

법률을 만들고 6·25전쟁 납북 진상조사위원회를 국무총리실에 두고 신고 접수를 받기 시작했다. 10만 명이 넘는 것으로 추산됐던 납북자의 신고는 겨우 5천 명 가까운 숫자에 그쳤다. 납북자의 연령이 높아 이미 작고했을 가능성이 높고, 배우자들이 거의 사망한 경우가 많아 신고에 열의를 가질 사람들이 대부분 없어진 후여서 신고 건수가 극히 저조한 것으로 추측된다. 직계 자녀도 고령에 가까우니 작고했을 가능성이 높은 아버지에 대한 신고에 열의를 갖지 않았을 것이라는 분석도 있다. 향후 준엄한 역사적 심판을 위해서나 이런 만행의 재발 방지를 위해서 그리고 훌륭한 아버지들의 억울한 희생을 역사에 기록으로 남겨야 한다는 사명감으로 신고한 경우가 대부분이라고 생각한다.

당초 법률이 정한 대로 신고 접수를 마친 정부는 명부를 보완 작성하고 6·25전쟁 납북자기념관을 건립하였다. 오늘은 임진각 평화누리공원 옆에 세워진 이 기념관의 개관일이다. 납북자를 끌고 간 양대 북행길의 하나인 파주 경의선 철로 연변인 이곳에 아버지의 원혼이 쉼터를 갖게 된 것이다. 달리고 싶다는 철마도 녹슬 대로 녹슨 노구를 힘겹게 버티고 서 있는 그곳에는 무심한 관광객들의 밝은 웃음이 허공을 가른다. 교통이 좋은 구파발역 근처에 후보지로 점 찍힌 자리가 있었다는데 해당 지자체장의 거부로 부지 마련에 실패했다는 후문만 들었으나 확인할 길은 없다. 전쟁 후 새로운 분단선이 된 휴전선이 가깝고, 휴전의 회담장인 판문점도 가깝고, 서럽게 끌려가신 그 길 근처이니 의미가 있을 것이라는 판단으로 이곳에 자리를 정하게 되었나 보다.

아무 데면 어떻고 아무러면 어떠냐, 어차피 털끝 하나 만져볼 수도 없고 오직 슬픈 기억 한 조각 만나는 것일 뿐인데 어디면 어떠랴. 한 치 건너 두 치라는데 살을 섞고 살던 어머니도 가고 없는 이 마당에 그보다는 덜 아픈 딸인데 이것도 감지덕지할 일이다. 3층 규모의 아담한 기념관 옆 뜰에서 천막을 치고 개관식이 시작되었다. 국가가 지은 기념관인데 대통령은 물론이고 국무총리도 불참이다. 통일부 장관이 참석자 중 최고위 공직자다. 그동안 줄곧 이 일을 위해 헌신해 온 우리 6·25전쟁 납북자가족회 이미일 이사장도 손님으로 축사 한마디 할 뿐이다. 이렇게 할 수 있도록 관련법을 발의해 준 박선영 의원의 축사 한마디도 들을 수 없어 아쉽고 미안했다. 추운 날씨에 참석해 준 그분 얼굴을 보기가 괜히 민망해졌다. 오늘의 이 집이 서는 데 있어 공로자의 한 분인데 덕담 한마디 부탁해서 어디 덧나나 싶은 생각에 공연히 얼굴에 심술이 돋아났다. 아직도 덜 늙어서 이렇게 감정의 기복이 요동치니 큰일이다. 그래도 이제 그런 감정을 혼자 삭이는 경지에 이른 걸 보면 갈 날이 가까이 오기는 했나 보다.

식을 마치고 건물 안으로 들어가 전시관을 둘러보는데 유품을 챙겨 드리지 못한 게으름에 후회했다. 아버지의 흔적을 내다 놓아 드릴 걸 차일피일 찾지 못해 미룬 것이 죄송했다. 납북자들의 이름 석 자를 정성스레 새겨서 세운 기억의 벽에 이르러 아버지 이름 '오해건' 앞에 절도 제대로 못하고 손만 휘젓다 사진만 한 장 찍어 담고 돌아서는데 눈물도 나지 않는다. 좋은데 어찌 울겠는가. 이제 아버지의 쉼터가 마련됐으니 더 바랄 것이 없다. 밖으로 나와 추모탑 성격의 조형물 앞에 서니 명치끝이 아프다. 북쪽으로 향한 부분이 좀 치켜 올라간 'ㄷ' 자 형태의 구조물을 세우고 그 위로 포승줄에 묶인 채 북으로 끌려가는 아버지들의 형상을 조각해 세웠다. 그 아래 땅 위에는 한 아버지가 남쪽을 향해 발걸음을 떼는 모습으로 세워져 있다. 납북과 귀환을 형상화했다는 설명을 들으며 꼭 저렇게 가엾게 만들어야 했을까 싶어 가슴 한쪽이 자꾸 아려왔다.

곱게 싸 들고 온 종이컵 안의 흙 한 줌을 조용히 그 발치에 사르르 부어 설움으로 섞어 놓고 돌아섰다. 지난 추석 성묫길에 어머니 산소의 봉분 위에서 한주먹 들고 온 흙이다. 생각 같아서야 뗏장 하나 떠다 놓고 싶지만, 공공시설물에 그럴 수 없는 일이니 이것으로 족하다. 이나마 공연히 뒷머리가 당겨 얼른 잰걸음으로 물러 나왔다. "아버지 왜 우리는 이렇게 서러운 기억만 해야 하나요? 직접 총칼을 들고 나라를 구하려 전쟁터에 나갔다가 당한 희생이 아니니 자랑스러울 것까지는 없더라도 지도급 인사라는 이유로 반동이라는 딱지를 붙여 적군이 잡아갔다면 국민을 지키지 못한 국가라는 기관이 그 아픔을 위로하고 보상함은 당연한 것인데 왜 우리는 이렇게 오랜 세월 기다리고 노력해서 겨우 이제야 이만한 대접도 은혜의 차원에서 감사해야 하나요? 현충일이면 현충원에 찾아가 남편의 묘비 앞에서 오열하는 소복 여인들을 보면서 가슴 치고 우는 엄마 때문에 그날 새벽이면 일찍 일어나 문밖의 신문을 몰래 갖다 감추던 때면 얼마나 분하고 억울했는지 모릅니다."

초겨울 하늘에는 무심한 구름 한 조각 외롭게 떠 있다. 어머니일까, 아버지일까, 아마도 지아비를 찾아온 가여운 내 어머니일 것 같다. 자, 두 분이 마음껏 회포를 풀도록 못난 딸은 자리를 비켜 드려야겠다. 차에 올라 달리는 임진강변 노을이 오늘만은 서러움 반 기쁨 반이다. 기억의 집, 공식 이름이 되지는 못했지만 아무리 생각해도 신통한 작명이라고 자화자찬하는 동안 어느새 자유로 끝자락에 차가 밀린다.

『창작수필』 2018년 여름호

기자촌, 역사의 뒤안길로!

Ⅰ. 들어가는 말

세상의 어느 땅인들 그 위에 들어서는 건축물의 종류나 운명을 선택할 수 있으랴만 우리 주위의 많은 땅들이 빠른 속도로 자신이 이고 있는 건물들의 변화를 겪어냈다. 산업화를 겪으면서 급변하는 사회 변화의 척도라도 되는 양 변화한 것이 우리 도시의 변화라 할 수 있다. 그중에서도 주거문화의 변화는 놀랄 만큼 빠른 속도로 이루어졌고 주택의 변화로 나타났다. 불편하다는 한 가지 죄목으로 한옥은 순식간에 자취를 감추듯 사라져 갔다. 그러다가 경제 성장기를 지나 소득 수준이 일정 이상으로 향상되면서 자연스레 복고의 바람을 타고 우리 것에 대한 성찰과 함께 한옥은 다시 살아나 한옥단지를 만들고 이제 예술품의 반열에서 새로운 주택문화를 선도하고 있는 것이 오늘 우리의 현실이다.

바로 이 엄청난 역사의 현장 은평뉴타운 지역을 살펴보

고자 하는 것이 본고의 목적이다. 그중에서도 기자촌 지역을 집중적으로 살펴봄으로써 주택과 그 정책의 변천을 함께 고찰하고자 한다.

Ⅱ. 본론

1. 급격한 도시 집중화로 서울은 만원

1950년 6월 25일 북한의 남침으로 일어난 한국전쟁으로 강토는 쑥밭이 되고 서울은 폐허에 가까울 정도로 파괴되었다. 1953년 휴전이 되고 그전에 정부는 환도(還都)했으나 어디서부터 손을 대야 할지 엄두가 나지 않을 정도로 집들은 사라지고 없었다. 피난 갔던 시민들은 옛집을 찾아 한강을 건넜건만 옛집 아닌 옛터만이 그들을 기다리고 있었다.

폭격 등 전화(戰禍)로 불타고 파괴된 폐허, 서울 도심에 집들이 지어지고 복구에 힘을 쏟았지만 돌아오는 서울 시민들을 품어 안기에는 역부족이었다. 게다가 먹고살기 위해 사람들은 무작정 서울로 서울로 밀려들기 시작했다. 막노동해도 서울에 가야 입에 풀칠이라도 한다는 생각들이 농촌을 버리고 도시로 몰려드는 추세를 막을 방도가 없었다. 우리나라의 경우는 도시 집중 현상이 유독 서울 집중으로 나타나 서울은 더 큰 몸살을 앓게 되었다.

자신들의 폐허가 된 집터에 새로 집을 짓는 이들이 많았지만, 새로 땅을 매입한 새 주인이 좀더 큰 건물들로 짓기도 하였다. 이런 이유로 서울 특히 4대문 안은 빠른 복구가 시작되었지만 물밀 듯이 밀려드는 유입 인구를 감당하기엔 역부족이었다. 이에 정부는 종래와 전혀 다른 주택 공급의 묘수를 찾아야만 하는 절박한 지경에 이르렀다. 이에 서울 4대문 밖의 적당한 주거지를 새로 개발하는 사업을 계획하게 되었다. 그중의 하나가 불광 지역의 대단지 주택 건설이었다. 광화문을 기점으로 해서 10km가 안 되는 이 지역은 환상적 새 동네로 각광을 받기에 손색이 없었다. 이렇게 시작된 불광 지역의 신주거지를 시작으로 은평이 서울의 새 보금자리로 변화되기 시작한 것이다.

녹번동의 ICA 주택, 불광우체국 뒤쪽의 녹신주택, 갈현시장 입구쪽의 주택단지, 연신내에서 예일여고 사거리에 이르는 개천 따라 들어선 신흥주택들은 살고 싶은 선망의 동네로 떠올랐다. 서울 곳곳에 이런 부도심들이 들어서며 발전했으나 여전히 집은 모자라고 신혼살림은 으레 셋방에서 시작하는 것이 정설이고, 전세로 출발하는 신혼은 요즘에 비교하자면 아파트에서 시작하는 경우와 같은 수준이었다.

2. 한국기자협회의 주택사업

1) 한국기자협회 주택조합

1961년 5·16 후 시작된 제1차 경제개발계획 시행으로 산업화가 급진전되면서 서울로의 집중 현상은 더욱 심화되어 무주택자가 전 계층에 고루 포진하게 되어 주택난은 큰 사회문제가 되었다. 언론계 역시 예외일 리 없는 실정이었다.

이에 전국 언론사의 기자들을 회원으로 하는 한국기자협회(1964년 창립)는 무주택 기자들의 주택문제를 해결하고자 기자들이 모여서 함께 부지를 마련하고 집을 짓는 주택사업을 하기로 결정하고 우리

나라 역사상 처음으로 주택조합을 결성하게 된다. 이것이 기자촌의 태동이다.

1964년에 창립된 한국기자협회의 굵직한 사업치고는 최초라 해도 걸맞을 이 주택사업은 참으로 야심찬 계획이라 할 만했다. 1968년 12월 20일 당시의 한국기자협회 곽지용 회장은 주택건립추진위원장에 오전식 당시 경향신문 정치부 차장을 선임하고, 이 사업을 시작하였다. 기자협회가 무슨 기금을 갖고 있는 것도 아닌 상태에서 시작한 주택사업의 골격은 완전히 자부담의 원칙 위에 세워졌다. 우선 현실적으로 가능한 규모를 정해 가구 수를 제한하고 약 500가구를 넘지 않는 정도를 예상해서 기자 수의 비율로 각 회원사에 인원을 배정했다. 각 언론사는 그 수효에 맞는 인원수를 선정해서 기자협회에 통보하고, 1969년 3월 18일 한국기자협회 주택조합을 결성하였다.(조합원 352명)

조합원의 신청서 접수로 주택건설사업의 업무를 시작하였다. 일단 잠정적으로 1주택당 60평 이상 대지를 기준으로 정하고 바로 부지를 매입하기 위해서 서울의 빈터를 점검하기 시작했다. 우선 물리적으로 500가구 정도를 지을 만큼의 넓은 땅이 없었다. 외곽으로 눈을 돌렸으나 마땅한 부지를 찾기 힘들었다.

이때 물망에 오른 것이 당시의 경기도 고양군 신도면 진관외리 산 64-1번지 일대 국유지 산이었다. 문화재 관리국 소속이었던 이곳은 야산치고는 너무 높은 악산이어서 주택지로는 적합해 보이지 않았다. 망설이며 더 좋은 부지를 물색해 나갔다. 땅을 좀 추천해 달라는 기자들의 성화에 건설부와 서울시는 성의껏 찾아보았지만 그만큼 넓은 주택지가 서울에는 이미 없을뿐더러 인근에도 가까운 곳은 이미 빈 땅을 찾기 힘들 정도로 집들이 들어선 후였다. 그리고 지금처럼 전철이 있는 것도 아니고 보니 거리 등의 문제가 극히 제한적으로 주택부지를 선택할 수밖에 없이 만드는 현실이었다.

고심 끝에 서울시가 당시의 영동개발 계획안에 들어 있는 현재의 강남땅을 제시하며 마음대로 고르고 면적도 무제한으로 선택해도 된다는 조건을 제시하였다. 어느 날 조합원 회의에 갔더니 고성이 오가며 난리가 났다. 어떤 OOO가 우리 보고 한강 다리 건너가라고 했느냐며 그 이름을 대라는 아우성이었다. 당시의 조합장 오전식 선배(경향신문사)가 경과보고를 하면서 부지에 관한 의견을 묻는 중에 벌어진 일이었다. 그 당시 언론사들이 거의 광화문을 중심으로 밀집돼 있고 행정, 경제, 문화 등 모든 분야가 광화문에서 소공동, 명동, 종로, 을지로 쪽으로 다 몰려 있는 상황에서 거센 반발은 당연한 일이었다.

우리가 무주택자라고 해서 깔봐도 분수가 있지 어디다 대고 감히 한강을 건너가라는 말을 할 수 있느냐며 당장에 그 발설자를 데려오라고 격앙된 소리로 일제히 반대했다. 대규모 영동개발계획이 끝나면 환상적인 새 도시가 탄생될 것이라는 설명이 이어졌지만 아무도 귀 기울여 듣지 않고 화들만 내고 있었다. 지금 생각하면 금석지감(今昔之感)이라는 말밖에 다른 할 말이 없다. 높은 산은 깎아내리면 면적도 넓어지니 걱정할 것 없다. 공기 좋고 쾌적한 주택단지가 될 것이며 수려한 북한산이 감싸 안고 있는 명당 중 명당이라는 찬사를 받으며 지금의 은평뉴타운의 뒷부분 기자촌 부지가 낙점되었다. 국유지 불하절차를 밟고 실질적으로 주택건설사업은 시작되었다.

바로 전 해인 1968년 1월 21일에 북한 무장공비인 124군부대 청와대 습격을 위한 침투사건이 발생하였다. 이로 인해 갈현동을 비롯한 지금의 통일로 길섶의 주택들을 비롯한 은평지구의 집값이 곤두박질을 치고 반토막 날 지경에 이르렀으나 기자협회 주택조합은 기자촌 건설 사업의 대상 지역을 이곳으로 정하고 사업을 진행할 수밖에 없었다.

그만큼 마땅한 넓은 땅을 찾기 힘들어서였을 것이다. 국유지를 불하받아 택지를 조성하게 됨으로써 특혜를 받은 것으로 보는 시각도 있으나 내용을 모르는 사람들의 쓸데없는 추측일 뿐 실제로는 혜택이 아니라 결과적으로는 오히려 비싼 택지 비용을 부담한 결과가 되었다. 불하대금이 정해지자 바로 조합원 각자 20만 원씩을 일률적으로 납부해서 불하대금을 지불했다. 이렇게 부지 매입에서부터 무주택 기자 자신들의 철저한 자부담으로 기자촌 건설사업은 진행되었다.

2) 기자촌 건설

진관외리의 해당 국유지는 불하받기로 결정되었으나 군사적으로 개발이 제한된 지역이어서 국방부의 허가를 받아야 되는 문제가 있었다. 그런 문제들을 해결하고 1969년 3월 24일 경기도 고양군 신도면 진관외리 산 64-1 국유지 43,625평을 67,200,000원에 불하를 받아 첫 삽을 뜨게 되었다. 일시불로 20퍼센트를 할인받아 평당

1,540원이었으니 당시 인근 농지가 평당 3,000원임을 감안하면 악산을 깎아 택지를 만들어야 하는 산의 평당 가격으로는 상당한 고가라 할 수 있는 금액이었다.

1968년 12월 20일 352명이 주택사업을 확정하고 동월 26일 한국기자협회 주택조합 창립총회를 마침으로써 비로소 집을 지을 채비가 완비된 셈이었다. 마침내 대한민국 최초의 주택조합, '한국 기자촌 주택조합'이 탄생한 것이다. 이어서 1969년 3월 29일 진관외리 산 175번지(불하 후 받은 새 지번)에서 기공식을 하고 드디어 주택건설에 본격적으로 착수하였다.

사업을 시작한 초기부터 조합원인 기자들은 부지 매입비를 머릿수로 나눈 셈인데 그 기준은 1주택당 기준 평수를 정하고 그 평수로 나눈 후 평당 단가를 곱해서 나중에 정산키로 하고 우선 20만원씩을 균등히 1차분으로 납부한 것이다. 꿈의 마을을 만든다는 야심찬 계획하에 골목길도 6미터를 고수하고 마을 중앙에 소공원은 말할 것도 없고, 도서관 육아시설을 비롯한 사회복지 시설들이 들어설 용지까지 모두 포함하고 70평 내지 100평 정도의 대지를 주택 규모로 잡았다. 최초의 계획이었다. 완전히 조합원이 불하대금 전액을 다 부담하고 도로는 말할 것도 없고 공공시설 용지까지 포함하다 보니 부담이 높았으나 모범적인 기막힌 동네를 만들어 낸다는 꿈에 동의하고 기꺼이 부담하였다.

당초에는 산을 낮은 고도로 깎아내리기로 했던 계획이어서 그런 면적이 충분했다. 그러나 낮은 지대와 고지대 간의 차이는 좀 있어야 할 것 같다는 판단에서 택지의 평당 가격에 약간의 차이를 두기로 하였다. 일단 그런 기준에서 신청을 받아보고 수요 공급이 안 맞으면 추첨으로 결정하기로 하였다. 아주 낮게 깎는다는 계획을 보면 윗 지대도 별로 높지 않을 것 같다 보니 취향들이 달라서 신청이 어느 쪽으로 쏠리지 않아 배분이 순조롭게 이루어졌다. 택지를 집짓기 좋은 상태로 분할한 후 호수는 추첨으로 결정키로 하였다.

그러나 막상 업자에게 산을 깎아 택지 조성을 하도록 맡겼는데 업자가 시작해 보니 너무 악산이었다. 그러자 업자는 기자촌이 들어선 현재의 고도까지만 깎고 도저히 더는 깎을 수 없을 정도로 악산이라는 이유로 그 상태에서 택지 조성을 해 나갔다. 그 과정의 내용은 기억이 틀리는 부분이 있을 수도 있겠으나, 계약서에 고도를 쓰지 않았고 공사대금을 선불로 했기 때문에 속수무책이라는 것이 조합 본부의 입장이었다고만 전해졌다. 기자들끼리만의 조합이라 선후배 간이고 동료 간이다 보니 그런 일의 실수 등을 놓고 왈가왈부하지 않고 체념하고 지나갔다. 계약서를 자세히 썼겠지만 어찌됐건 여러 가지 말이 많았으나 결과는 등산 수준의 고지대에 살 수밖에 없게 되었다.

더 큰 문제는 줄어든 부지 면적이었다. 공용면적을 줄이다 보니 마음껏 문화 복지 공간을 남길 수 없는 것이 현실이었다. 각 주택의 대지면적도 희망사항이었던 더 넓은 상한선이 아니라 하한선인 60평도 어려운 실정이었다. 결국, 평균 54평을 기준으로 조정하고 지형에 따라 증감이 있을 테니 택지 값은 다 확정된 후 정산하기로 하였다. 각자가 평당 단가의 개념으로 땅을 산 것이 아니라 공동으로 산을 불하받아 배치하는 사업이어서 대금 납부에서 새로 계산해야 하는 등 절차상의 복잡함은 없었다. 꿈이 조금 작아지는 아픔만 감내하면 되는 일이었다.

골목길까지도 최하가 6미터여야 한다는 조합장 오 선배의 주장에 강한 불만을 보이는 사람들이 많았다. 각자 살 집터를 줄여야 하는데 무슨 길을 그렇게 넓게 하느냐, 큰길만 넓게 하고 골목은 4미터도 되고 더 좁을 수 있는 곳도 있어도 된다는 등의 양론이 팽팽했다. 그때 오 선배는 앞으로는 마이카 시대가 오니까 길은 반드시 길은 넓어야 한다며 절대 양보할 수 없다고 6미터 마지노선을 고집해서 관철되었다. 얼마나 선견지명(先見之明) 있는 멋진 리더십인가? 그 공로를 인정하는데 1세대(30년)도 필요하지 않았다.

더 심각한 문제는 고지대를 선택한 사람들의 불이익이었다. 낮은 고도일 때는 고지대라 해 봐야 별 불편 없는 지역이지만 높은 고도의 땅이 되고 보니 고지대는 등산 수준이었다. 2만 원의 차이로는 너무 불공평한 일이었다. 하지만 각자의 선택이었다는 이유로 저지대 사람들이 양보하지 않으니 묘책이 없었다.(택지조성이 완성되고 난 후 아주 목이 좋은 곳은 좀 더 부담했던 것으로 알고 있다.) 조합 회의에 주로 참석하고 다녔던 필자도 동료들에게 정보를 잘못 줘서 큰 손해 보았다며 지청구를 들어야 했다. 막내라 힘들어도 열심히 쫓아다닌 대가가 그런 결과가 되고 보니 공연히 송구하기도 했지만, 필자 역시 고지대라서 좀 덜 민망하기도 했다.

우여곡절 끝에 드디어 집을 지을 수 있게 되자 조합의 주선으로 각자 택지를 담보로 주택은행으로부터 국민주택자금 융자를 70만 원씩 받아 건축비로 납부하였다. 15년 상환의 융자금은 매월

99,600원씩 분납하는 조건이었다. 박봉인 기자들로서는 벅찬 금액이었지만 내 집을 갖는다는 꿈을 실현하는 일이어서 참아야 했다. 평균적으로 90만 원을 부담했으니 당시의 부동산 가격으로 볼 때 결코 싸지 않은 가격이 지불되고 말았다. 물론 70만 원의 융자가 모든 일을 가능케 한 셈이다. 이런 편의 정도가 혜택이라면 혜택이지 금전상의 어떤 도움도 없이 온전히 조합원 전액 부담이 기자촌이라는 마을을 만들어 냈다. 건평은 당시 국민주택 규모인 18평형으로 정하고 주택은행의 표준 설계도 중 3가지 형태의 설계도를 확정하고 선택하도록 하였다. 슬라브형 지붕 1가지, 기와지붕형 2가지, 모두 3가지 설계였다. 그리고 상가주택도 선택 범위에 넣었다. 기와지붕 중 하나는 'ㄱ' 자 설계였고, 하나는 직사각형인 구조였는데 그 설계만 주방 옆에 식당 공간이 있는 설계였다. 그 설계만 완전 입식 부엌인 셈이었다. 두 가지 설계는 입식 부엌이긴 하지만 조리 공간만 있어 밥상을 차려 들고나와야 하는 옛날 집 스타일이었다. 지금은 그 장면이 눈앞에 잘 그려지지 않을 정도의 격세지감(隔世之感)이 있는 구조였다. 그러나 그 설계의 장점은 안방을 비롯한 방들의 면적이 넓다는 것 때문에 인기가 있었다. 슬라브형은 옥상을 사용할 수 있다는 이점 때문에 좋아하는 사람도 있었고, 여름에 더울 것이라는 염려 때문에 기피하는 사람도 있었다. 아무튼 택지 배정 전에 미리 설계를 정하지 않았기 때문에 같은 형 설계의 집들을 모아 지음으로써 좀 정돈된 마을의 형태를 갖출 수 있는 강점을 갖지 못했다. 완전히 무계획하게 섞어 지을 수밖에 없게 되었다.

설계도를 회사에 와서 소개하면서 부엌에 식당이 딸린 설계가 아내들이 선호할 것이라는 말을 하고, 필자도 그 설계를 선택한다고 했다. 여자 눈이 정확할 거라며 그 설계를 선택한 사람들이 많았는데 막상 집이 지어지고 둘러보러 간 부인들의 불평이 쏟아졌다. 아니 안방이 커야지 무슨 부엌방은 부엌방이냐는 힐책에 남편들은 하나 같이 우리 회사 미스 오가 그게 당신들이 좋아할 설계라고 해서 그렇게 했다고 대답했다. 시집도 안 간 처녀가 알긴 뭘 안다고 그 말만 듣고 이렇게 방을 콧구멍만 하게 줄여 놓은 집을 짓게 했냐는 성토가 끊이지 않았다. 고지대 선택의 힐난은 댈 것도 아닌 꾸중이었으나 입주하고 살아가면서 그 설계의 집이 얼마나 편한지 부러움을 사게 되었다. 지금 생각해 보면 처녀라 아무것도 몰랐다는 지적이 맞는 얘기다. 좁은 면적에 식당 방이라니 사치라면 사치일 수도 있는 일 아니겠는가?

입주 후 겨울이 되자 슬라브형 지붕에서 결로 현상이 생겨 벽이 젖어 내려오는 현상 때문에 불편 신고들이 속출했다. 여름이 되자 아예 천장에서 물이 새는 바람에 난리가 났다. 그 시절 기술의 부족으로 방수에 문제가 있어 생긴 일이었다. 정사각형에 가까운 기와집은 방은 넓어 좋은데 좀 답답한 느낌이 있다는 게 단점으로 지적받기도 했다. 일괄적으로 맡긴 시공사가 우리들의 집을 지어 나갔다.

이렇게 기자촌은 철저하게 조합원 각자의 완전 부담으로 형성되었다. 그 단지의 길섶 귀퉁이 한 자락도 모두 우리 조합원의 사유재산이었다. 길조차도 우리 땅에 건설하고 산 동네였다. 혹자는 나라에서 무슨 혜택이나 보조금, 심지어는 땅을 무상으로 받은 양 터무니없는 추측을 하는 사람도 있었는지 모르지만 천만의 말씀이다. 돈 좀 덜 들이고 집을 마련해 보고자 시도했던 사업은 사실일지 모르나 위와 같은 우여곡절을 겪으며 각자 몫의 택지 면적이 줄어들다 보니 주택 건설 공사비 포함해서 완공할 때까지 들어간 돈이 갈현동 시장 부근의 당시 노른자위 땅의 집값과 맞먹거나 더 높은 기현상을 초래하는 결과가 되었다. 물론 입주 후에 비교적 신속한 도로포장, 상수도 인입이나 건설시에 주택은행 국민주택자금 융자주선 등에서 당국이 호의적으로 조합을 도와준 것은 당시로서는 혜택이라 할 일이지만 금전적인 지원이나 다른 특혜는 전혀 없었다.

고지대의 불편은 일단 시내버스가 연장해서 들어올 때 종점을 꼭대기에 마련하면 해결이 되리라는 희망을 갖고 조금만 기다리기로 했다. 그러나 제일여객이 불광동에서 종점을 연장해서 기자촌에 들어오기는 했으나 동네 맨 낮은 곳보다도 더 낮은 저만치 아래쪽에 종점을 마련하는 바람에 윗동네는 매우 불편한 지역이 되고 재산 가치도 크게 차이가 생기고 그 폭은 점점 더 벌어졌다.

3) 기자촌 입주와 준공

주택건설은 조합이 일괄적으로 시공하여 순조롭게 진행되었다. 1969년 11월 13일 동화통신의 이선명 기자의 첫 입주를 시작으로 드디어 기자촌 1차분 주택이 완공되어 본격적인 입주를 시작하게 되었다. 엄동설한(嚴冬雪寒)에 입주를 서두른 것은 그동안 부지 대금과 건축비 일부를 부담하느라 전셋집을 줄여서 사는 등 애로를 겪는 회원들이 많았기에 하루라도 빨리 입주시켜야 했기 때문이었다.

미처 창문들을 못 달고 입주를 하는 바람에 시공 사무실에 문짝 내놓으라고 부인들이 쫓아가 아우성을 치는 소동도 벌어졌다. 기자님(?)이신 서방님들은 어찌나 양순하신지(?) 창문 없는 방에서 미동도 않고 앉아 계신 경우가 대부분이었다. 못 만들었으니까 못 달았지 만들었으면 왜 안 달았겠냐, 우리가 서둘러 들어온 게 잘못이지 그 사람들이 무슨 잘못이 있느냐는 게 그 어른들의 설명이었다. 이불로 막고 담요로 막고 문이 달린 방 하나로 몰려서 밤을 지새우고 이렇게 힘들게 입주는 시작되었다.

버스 노선이 연장되지 않아 통일로 큰길까지 걸어 나와야 하는데 도로포장이 안 된 상태라 비가 오면 진흙벌 같은 길을 푹푹 빠지며 걸어야 했다. 장화를 신고 나와 통일로 입구에서 구두로 바꿔 신고 출근을 하느라 근처 진관시장이나 가게에 단골을 트고 신발들을 맡기고 다니기도 했다.

산봉우리를 깎았으니 낮은 골짜기 쪽은 메꾸게 되어 땅이 다져지기를 기다려야 집을 지을 수 있었다. 이래서 절토 부분은 먼저 집을 짓고 성토 부분은 오래 기다려야 했기에 기자촌은 1972년 5월 21일에야 준공신고를 할 수 있었다. 깊이 메꾼 땅은 그 후에 짓게 되는 곳도 있었다. 나중에는 개인이 직접 시공해서 집을 짓기도 했다.

3. 기자촌의 변천

기자촌은 입주가 되었지만 수돗물도 잘 나오지 않아 공동수도에서 받아 써야 했고, 그것도 모자라서 서울시의 식수차가 물을 날라

다 주어 갈증을 겨우 면하고 살 수 있게 해 주었다. 물장수의 신세도 졌다.

빨랫감을 모아서 이고 지고 진관사 계곡이나 삼천리골로 찾아가서 흐르는 맑은 물에 백옥같이 빨아 입고 돌아오곤 했다. 대학 시절 딸기 먹으러 놀러 오던 곳에 빨랫감을 이고 가면서 만감(萬感)이 교차했지만 곧 좋아질 동네라는 희망으로 가슴이 뛰기도 했다. 아이들을 낳아 기르면서는 아이들을 유모차에 태우고 젊은 부부들은 북한산 숲속으로 한없이 걸어 들어가며 온 세상이 자기들 것인 양 흐뭇하고 행복한 부자 마을이었다. 거의 자동차 왕래가 없는 마을은 아이들의 천국이었다. 산덩어리 마을 전체가 그림 같은 아이들의 놀이터가 된 그야말로 지상낙원 같은 곳이었다. 어른들은 오르내리기 힘들다지만 아이들은 마냥 온 동네를 마음껏 뛰어 달리며 호연지기(浩然之氣)를 키웠다.

아래쪽에 유치원이 들어서고 시내버스가 들어오고 커다란 식료품 가게와 골목의 작은 가게들이 반찬거리와 생활용품을 사는 편리한 작은 시장 구실을 해 주었다. 길은 포장되고 골목까지 시멘트 포장이 완공되자 동네는 더워져서 평년 기온이 평균 섭씨 2도 이상 올라갔다. 겨울이면 서울 시내보다 섭씨 5도는 낮아 입동 전에 김장을 안 하면 설익어 겨우내 맛없는 김치를 먹어야 하는 시골 마을 같은 곳이었다. 같은 업종의 사람들, 언론사 기자들이 모여 사는 마을은 한 가족 같았고 회사들은 다르지만 마치 형제애 같은 것을 느끼는 가슴 뭉클한 정감에 싸인 마을이었다.

1972년 8월 1일 기자촌 일대가 그린벨트 지역으로 선포됨으로써 재테크로는 완전 실패한 지역이 되어 버렸다. 1973년 7월 1일 경기도 고양군 신도면 일대가 서울시 서대문구로 편입되면서 서울 시민이 되었다. 1971년 4월 19일 잔무를 완전 정리하고 기자촌 주택조합은 기자촌 건설사업 종료를 선언했다.

공기 좋고 평화로운 마을로 남아 있던 기자촌은 그동안 기자들이 많이 떠나고 여러 직업의 사람들이 섞여 살게 되었고, 서울시가 은평뉴타운 기본 구상을 발표한 2003년 4월 14일까지 집값 싼 동네로 남아 있었다. 이 기본 계획에 따라 2004년 2월 20일 기자촌 일대를 그린벨트 지역에서 해제하고 본격적인 뉴타운 사업의 시행에 들어갔다. 기자촌의 입주자들은 공기 좋고 살기 좋은 전원주택 같은 마을을 그대로 지키며 그대로 살겠다는 주민들의 의견이 많아 서울시 뉴타운 계획에 기자촌을 포함시키려는 서울시의 입장에 거부 의사를 밝히고 들어가지 않았다. 그러나 막상 옆 동네들이 보상에 들어가고 아파트의 청사진들과 새 도시의 그림이 나오자 주민들의 의견이 뉴타운 지역 포함을 원하는 쪽으로 기울어 2006년 9월 6일에 기자촌을 서울시가 뉴타운 계획에 포함시킬 것을 확정하기에 이른다. 2007년 10월 31일 보상계약을 체결하고, 2007년 11월부터 이주를 시작함으로써 기자촌은 역사 속으로 사라져 갔다.

4. 기자촌 터의 새로운 꿈

기자촌의 주민 퇴거가 끝나고 모두 철거된 후 아직 빈터로 남아 있는 기자촌 옛터는 여러 가지 우여곡절을 겪긴 했지만, 현재는 아름다운 꿈을 꾸는 땅이 되었다. 2014년 국립한국문학관 건립 계획을 세운 정부 방침에 따라 그 부지로 기자촌 옛터가 낙점받기 직전에 제동이 걸려 일단 보류 상태에 들어가고, 지자체들의 요구에 정부가 대상 희망 후보지 공모에 들어가 24개 지자체가 응모하여 열띤 경쟁을 벌이게 되었다. 그동안의 실사와 여러 가지 단계를 거친 구체적 검토 끝에 정부가 서울에 짓는다는 것까지만 확실히 결정한 상태이다. 본고에서 지금은 밝힐 단계가 아니지만 서울 시내 2곳으로 압축되어 막바지 검토 작업 중인 현시점에 그곳 중 하나가 은평구이고 바로 기자촌 옛터임까지만 밝힐 수 있다.

그 기자촌 옛터에 언론기념관을 건립할 계획은 이미 서 있는 것으로 알고 있다. 2015년 기자촌 옛터라는 표지 돌을 크게 세우고 그 뒷면에 최초의 입주자인 기자협회 주택조합 조합원 이름을 새겨 세운 돌비는 기자촌의 역사뿐 아니라 우리나라 주택조합의 효시를 전함과 동시에 한국 언론인의 중요 명부 중 하나가 되는 구실도 할 수 있을 것 같다. 각사 언론인들이 고르게 포진된 명단이다 보니 훗날 한국 언론계의 지도급 인사들을 많이 배출하였고, 정계(政界)·관계(官界)의 요직에 발탁되어 간 인재들이 많이 포함되어 있어서 역사에 이름을 남긴 사람들이 많이 살았던 터전임을 설명하고 서 있는 셈이다. '기자촌 옛터'라는 기념비 문은 한국기자협회 주택조합 운영위원으로 기자촌 건설 초창기부터 적극적으로 참여하고 1차로 입주하여 은평뉴타운 편입으로 철거될 때까지 줄곧 기자촌을 지키고 살아온 일경 한영탁(당시 조선일보 기자) 선생이 짓고 은평에서 오래 살고 있는 문단의 원로 이근배(예술원 회원) 시조 시인이 글씨를 썼다.

국립한국문학관 건립 은평유치전을 치열하게 벌이던 2016년 은평구청은 그 일환으로 기자촌 홈커밍데이 행사를 열고 생존한 기자촌 입주 언론인들을 초청해 건립 당시를 마음껏 회고하는 자리를 베풀어 노 기자들의 회포를 풀게 하며 국립한국문학관 건립 부지로 이곳이 최적지임을 다시 한번 확인하였다.

Ⅲ. 맺는말

이 세상에 변하지 않는 것은 아무것도 없다. 땅이야 그대로 땅이지만 그 위에 들어서는 것들이야 변하고 또 변한다. 조선 시대 서울 양반들의 유택(幽宅)이었던 땅에 기자촌이 들어섰고, 이제 그곳은 언론기념관과 국립한국문학관을 품어 안을 꿈을 꾸며 기다리고 있다. 땅이 무슨 생각이 있어 꿈을 꾸겠는가? 그 땅을 지켜보는 사람들이 꾸는 꿈이다.

평생 정론의 보루임을 자부하며 살아온 언론인들의 꿈, 사람의 심성을 맑히는 문학, 혼신의 힘을 다해 쓰고 또 쓰며 산 문인들의 꿈, 이들의 정수가 모이는 땅으로의 변신을 기다리는 기자촌 옛터의 꿈이 이루어지는 날이 하루속히 오기를 바라면서 이제는 사라진 기자촌의 역사를 체험을 바탕으로 조명하며 정리해 보았다. 아래에 한옥단지를 품어 안은 그곳에 국립한국문학관과 언론기념관을 짓는 기공식 날이 하루속히 와서 참석했으면 좋겠다. 반세기를 넘는 세월에 홍안(紅顔)은 노안(老顔)이 되었지만, 땅은 여전히 새로운 꿈을 잉태할 수 있어 부럽기도 하다. 역사적인 두 곳의 첫 삽을 뜨는 날은 기자촌 옛터 기념비도 함께 웃을 것이다.

2017. 4. 4.

동행

남한산성 수어장대 오르는 길목에 앉아 있다. 일행들은 저만치 가고 있는데 발이 붙어서 떨어지지 않는다. 오늘도 어김없이 그가 곁에 있어서이다. 미리 와서 기다리고 있었나 보다. 전국 방방곡곡 무던히도 많이 돌아다녔지만, 이곳은 유난히 자주 오가던 곳이다. 시댁은 현재 서울의 염곡동에서 400년 터 잡아 살아온 집안인데 시부께서 광주군 경안에서 병원을 하셔서 남편이 초등학교를 경안에서 다녔다. 예전엔 경안에서 염곡동까지 걸어서 다녔고 시조모와 시백부가 집안을 지키고 염곡동에서 사셨기에 남편에게는 이 지역이 그야말로 내 놀던 옛 동산이다 보니 이 근처를 지날 때 그냥 지나치기 어려운 곳이었을 수도 있다. 지방의 어느 곳을 다녀오든 이 근처를 지나는 길이면 으레 남한산성에 올라 심호흡이라도 해야 직성이 풀리던 그런 곳이다.

그런데도 걷기 싫어하는 그 사람은 수어장대까지 오르는 일은 단 한 번도 없어 나 역시 수어장대를 향하는 것은 오늘이 처음이다. 어느 명산대찰에 가도 주차장에 차를 세우고는 큰 나무 그늘을 찾아 털썩 주저앉으면 지남철에라도 붙은 듯 꿈쩍 않고 앉아있던 사람이다. 여기서 좋은 경치 보면 됐지 불제자도 아닌데 무엇 하러 힘 빼 가며 걸어 올라갈까 보냐는 것이 그의 지론이다. 절의 차들이 오르내리는 것을 보며 나쁜 O들이라고 불만만 털어놓고 그곳에 앉아있는 그 때문에 항상 일행들이 서둘러 올라갔다 내려오곤 했다. 오늘도 내 팔을 붙들고 무엇 하러 올라가려 하느냐며 여기 앉아 놀자고 한다.

그를 살살 달래서 걸음을 옮긴다. 내가 이만큼이라도 다리 힘이 남았을 때 안 올라가 보면 영 못 가 볼 터이니 천천히 올라가 보겠노라 고집하며 단호하게 걷기 시작했더니 할 수 없이 따라온다. 매달려 살아도 이승이 좋다는 말이 맞기는 한가 보다. 할 수 없이 따라나서니 말이다. 계단을 오를 때 글벗이 손을 잡아주니 어느새 올라서서 내 손을 가로채듯 잡아 끌어준다. 사진 찍기를 죽기보다 싫어하던 사람이 카메라 앞에 대기하고 서 있을 정도로 내 곁을 떠나지 않는다. 여기저기 역사의 흔적들을 열심히 살피고 메모하는 내게 속삭인다. 대강하고 내려가자고 평소처럼 훼방을 시작한다.

내려오는 길 도토리묵 한 접시를 앞에 놓고 앉았는데 그는 어느새 막걸리 한 사발을 시원하게 들이키고 있다. 묵 한 점 집어 먹여 주고 싶은데 글벗들이 이상하게 생각할 테니 참을 수밖에 없음이 아쉽다. 허공에 젓가락을 휘저으면 치매라고 놀랄 것 아닌가? 진달래가 곱게 피었다. 40년 전 신혼 시절 그를 따라 이곳에 처음 왔을 때 그 진달래도 저리 고왔다. 우리 둘의 마음은 그보다 더 붉고 고왔다.

어디를 가도 항상 곁을 지키는 그로 해서 외롭지 않은 것은 좋은데 먹여 주고 만져볼 수 없으니 처연한 마음이 더해질 때가 더 많다. 처음에 그가 생각날 것 같아 추억이 있는 곳을 가기 꺼려해 보기도 했지만, 함께 가지 않은 곳이 거의 없어 체념하고 동행을 즐기며 살기로 했다. 되도록 사람들과 떨어져 가며 혼잣말로 그와 대화하는 숨은 재미를 사람들은 모른다. 더러 지나는 행인이 들으면 혼잣말을 궁시렁거린다고 이상해할지도 모르지만 아랑곳할 것 없다.

연전에 인기리에 상영된 영화 「사랑과 영혼」을 생각하면 좀 걱정스럽기도 하다. 아내가 걱정이 되어 구천을 떠돌며 아내를 지키던 남자 주인공의 모습이 떠올라서이다. 하지만 하나님 나라에 가 있을 것을 믿기에 남편이 내 곁을 지킴은 아무 걱정할 일이 아니어서 마음 편하게 동행을 즐기며 산다. 바라기는 목숨이 붙어 있는 한 그와의 동행을 지금처럼 즐길 수 있게 똑똑한 정신을 지니고 사는 복을 허락받기 원할 뿐이다.

일행이 모두 일어섰는데 그는 아직 자리에 앉아 술 한 잔만 더 달라고 주문하고 있다. 눈을 흘기며 그의 팔을 끌어 올린다. 한 잔만 더 하면 아주 좋겠다는 그의 푸념은 여전히 서슬이 퍼렇다. 그래서 입가에 미소가 번짐은 이 무슨 조화인지 나도 모르겠다. 부부는 똑같아야 산다는 말이 맞기는 맞나 보다. 그러는 그가 못 견딜 정도의 밉상으로 보이지 않았기에 40년 하고도 몇 해를 별 탈 없이 살아온 게 아니었을까?

노을이 유난히 곱게 걸림은 청승맞을 아낙의 마음을 어루만지기 위한 선물인가 보다. 그는 저만치서 경안 쪽을 내려다보고 서 있다.

초등학교 시절 반짝이던 자신의 유년을 즐기고 있는 모양이다. 아니 그도 나처럼 진달래를 보면서 아름다운 우리의 신혼 시절을 떠올리며 웃고 있을 것이다. 그래 어디를 가도 당신이 있는 동행이 좋아.

2016. 7. 23.

맞수

산다는 것이 경쟁의 연속이라면 지나친 말이 될까?

어쩌면 인생을 가장 간결히 표현한 한 마디가 아닐는지 모르겠다. 세상에 태어나서 만나는 최초의 경쟁자가 형제라고 한다. 그만큼 사는 것이 경쟁의 연속이라는 의미인 것 같다. 혼자 자라서 그 감정을 알 수는 없으나 누군가와 계속 부대끼며 사는 것이 삶이다 보니 경쟁의 늪 속에서 살아가고 있는 것은 사실이라 할 수 있다.

서로 기대어 서 있는 모습이 바로 사람 인 자의 발상이 되었다는 말은 설득력이 있다. 사람은 어느 누구도 혼자 살 수 없다. 공부도 함께해야 잘 되기에 독학이 어려운 것이다. 어학을 좀 더 공부하려고 시도하다가 번번이 좌절하면서, 성공하는 독학은 독학(獨學)이 아니라 독학(毒學)이라는 생각이 들곤 했다. 혼자 할 수 있다는 생각에 단단히 마음먹고 벼르지만 번번이 흐지부지 끝나고 말았을 때마다 들던 생각이다.

학창 시절 성적의 우열을 다투는 친구가 있기에 서로가 다 향상되어가는 것 아니겠는가? 계속해서 경쟁자의 관계를 이어 갈 때 우리는 그들을 맞수라 부르며 관전의 흥미를 돋운다. 이어서 떠오르는 이름이 연고전이 아닐는지 모르겠다. 고려대학교와 연세대학교는 사학의 양대 명문의 자리를 오래도록 지켜오면서 양교의 정기전 연고전을 통해서 젊은 지성의 함성을 마음껏 포효해 왔다. 영국의 옥스퍼드와 케임브리지의 조정 경기도 유명한 맞수의 시합이다. 이외에도 나름대로 크고 작은 맞수의 경쟁이 하나둘일까만은 은반의 여왕 김연아와 아사다 마오가 한동안 세간의 관심을 집중시켰던 맞수 중 맞수였다고 본다.

아사다 마오의 은퇴 선언을 접하면서 왠지 허탈해지며 묘한 느낌이 든다. 저들이 조금만 시차를 두고 무대에 설 수 있었더라면 둘 다 여왕의 자리에 올랐을지도 모를 일이었다는 생각이 스쳐서이다. 그렇다고 해서 다른 경쟁자가 꼭 없었겠느냐는 문제도 있겠으나 아사다는 줄곧 김연아에게 막혀 앞으로 나아갈 수가 없었다고 생각할 수도 있기 때문이다. 스포츠에 식견이 짧은 사람이 이러쿵저러쿵 수준 이하의 전문적 평가를 곁들이고 싶은 생각은 추호도 없다. 그야말로 가만있어야 중간이라도 갈 수 있을 테니 말이다. 다만 연민의 정 같은 것이 밀고 올라왔을 뿐이다.

그러나 이들의 모습을 지켜보면서 맞수의 정형을 보는 것 같아 흐뭇한 것도 큰 즐거움이다. 이들은 어린 나이에도 항상 서로를 존중하는 말을 했지 추하게 헐뜯지 않았다. 물론 항상 앞서가는 김연아 선수의 노련하고 능숙한 대응이 혀를 내두르게 했지만, 이들은 성숙하고 의연했다. 둘은 서로 다 상대가 있어서 자신들이 발전했다고 토로했다. 세상의 여러 곳에서 이런 모습을 볼 수 있었으면 얼마나 좋을까? 역시 스포츠맨십이 훌륭한 덕목임을 다시 한번 실감하는 순간이다.

이왕 경쟁하고 살아야 하는 세상이라면 훌륭한 맞수를 만나는 것도 행운이 아닐까? 평생에 맞수가 있었나 하는 물음이 밀고 올라오는데 얼른 대답이 나오지 않는다. 맞수라는 말을 동원해야 할 만큼 우뚝한 자리에 올라보지 못하고 무슨 헛된 생각을 하고 있단 말인가? 분수를 몰라도 한참 모르기는 예나 지금이나 다름이 없다.

도토리 키재기하는 것 같은 세상을 보면서 저런 맞수를 도처에서 만나는 행운을 꿈꾸어 본다. 경쟁은 사람을 긴장시키고 발전시킨다. 선의의 경쟁은 사회를 발전시킨다. 진정한 맞수를 보는 즐거움은 세상을 아름답게 바꾸는 원동력이 될 것이다. 이런 선순환을 보고 싶다.

2017. 5. 7.

아직은 그래도

세상이 각박해져서 살맛이 안 난다고들 한다. 크고 작은 일들의 예를 들어가면서 얘기할 필요도 없이 정이 사라진 세상이 되어 버렸다는 게 아쉬움의 원천이다. 모르는 사람과도 마주치면 인사를 하다가 이상한 사람 취급을 받은 기억도 한두 번이 아니다. 남이 어떻다고 말하기 전에 차비를 구걸하는 젊은이에게 온정을 베풀지 못하고 지나치며 혹시 이상한 사람이면 어떻게 하나 싶어 지갑을 열지 못했노라는 변명을 자신에게 속삭였던 내가 바로 각박한 세상을 만들어 가는 주인공인지도 모른다.

인도 위를 잘 걸어가다가 발이 걸리는 듯싶더니 아차, 대책 없이 왼쪽 무릎이 강하게 땅에 부딪치며 슬라이딩하는 듯 온몸이 일자로 엎어졌다. 마치 북어를 패는 것처럼 강한 충격을 받은 복부와 옆구리가 출렁하더니 움직이기 힘들다. 부딪친 무릎보다 엉뚱한 배 창자가 운신을 할 수 없이 아프다. 평지에서 넘어져 고맙습니다라는 기도가 먼저 밀고 올라온다. 예전 같으면 광신자라고 비웃을 일이 요즘은 일상이 된 지 오래다. 요즘 이삿짐을 정리하느라 어제 2단 사다리에 올라가 장롱 위에 물건들을 얹었는데 그때 떨어졌더라면 큰일 났을 텐데 계단도 아니고 인도 위에서 이랬으니 얼마나 다행한 일인가?

대로변이지만 인도는 인적이 드문 길이라 앞뒤로 널브러진 소지품과 모자를 챙기는데 재빠르게 지나가는 발길이 보인다. 속도로 보아 젊은이의 것인데 그냥 지나간다. 아니 어떻게 이런 상황에서 그냥 지나치나 싶다가 이내 오히려 다행이다 싶었다. 넘어지면 아픈 것보다 먼저 창피한 생각이 드는 건 젊을 때나 매한가지다. 핸드폰을 보느라 나를 못 본 것인가 보다 생각하며 주섬주섬 수습하고 안간힘을 쓰며 겨우 일어서는 데 성공했다. 병원으로 갈까, 가던 길을 그대로 갈까, 잠시 망설이다가 외상도 없고 골절은 아닌 듯하니 목적지에 다녀서 병원에 가기로 하고 다시 걷기 시작했다. 거의 다 왔다는 마음으로 미련하게 버스 두 정거장 거리를 걸었다.

약국에 들러 파스를 사 붙이고 소염제를 먹고 목적지에 도착하니 이미 시작한 후라 살그머니 자리에 앉았다. 예배와 회의가 끝나고 일어서려는데 외마디 소리가 절로 나와 설명할 수밖에 없이 되었다. 모두들 염려하며 천만다행이라고 격려하니 힘이 나는 것 같고 새삼스럽게 잘 왔다는 마음이 들어 기분이 좋아지며 아픈 것도 잠시 잊혀지는 것 같았다. 점심까지 먹고 나오니 후련하다.

택시로 병원에 가는데 운전사가 친절하게 유턴까지 해서 병원 앞에 세워 주었다. 돈을 내면서도 고맙고 마음이 따뜻했다. 사진을 찍었는데 골절이나 아무 이상이 없고 연골만 약간 마모가 시작된 곳이 있을 뿐이라는 설명이다. 복부와 옆구리가 충격을 받아 근육이 놀랐으니 그곳을 치료했다. 복부에 주사를 여러 대 맞고 옆구리 쪽을 물리치료 받았다. 약국에 들러 약을 받고 허리 보호대를 사서 두르고 나오니 많이 편안해졌다.

집을 향해 오는 길에 어머니의 담방약이 생각났다. 대학 시절 소요산에 갔다가 굴러떨어져서 운신을 하기 힘든 몸으로 돌아왔을 때 어머니가 소주에 계란 노른자를 풀어 한참 휘저은 후 억지로 먹여 주던 일이 기억났다. 아무리 둘러봐도 계란 파는 곳이 없는데 집에는 세탁기 고치러 오기로 한 시간이 빠듯하니 시간이 없어 시장에 갈 수도 없다. 마침 앞에 붕어빵 포장마차가 있기에 사정을 설명하고 계란 쓰려고 사다 놓은 것 있으면 한 알만 팔면 안 되겠느냐는 말이 끝나기도 전에 선뜻 계란을 꺼내 주며 자기도 그런 경우 종종 보았으니 약 잘해 잡수시라는 덕담도 얹어 주고 있다. 세상에 고맙기도 해라, 남의 것을 그럴 수는 없다, 아니다 그냥 갖고 가시라, 그렇다면 붕어빵을 사면 되겠다, 억지로 사지 마라, 마침 집에 누구 오니까 대접하면 된다, 보기 좋은 실랑이는 곧 끝났다.

붕어빵 한 봉지를 사고 아예 계란 2개를 더 달라며 억지로 돈을 쥐여 주는데 손이 참 따뜻하다. 세상이 각박하다? 아니야 그렇게 생각하는 사람 자신이 각박하지 세상이 각박한 것이 아닌지 모를 일이라는 생각이 들며 붕어빵 집 여인의 선한 눈동자와 다쳐서 안됐다는 표정으로 계란을 선뜻 건네던 몸짓이 어우러져 출렁이며 속삭인다. 아직은 그래도 살 만한 세상 아니냐고.

2019. 3. 5.

제대로 짖는 개를 만나고 싶다

새해가 밝았다.

언제나 새로운 각오와 희망으로 시작하는 것이 이맘때의 며칠이다. 지난해에 이루어지지 않았던 소망에 대한 미련은 접어두고 올해만은 새로운 계획의 실현을 믿고 경건하게 그 성취를 바라며 기원하는 것이 좋다. 정유년이 지고 개의 해 새날의 해가 불끈 솟아올랐다.

개의 해이니 우선 개라는 것의 정체를 먼저 생각해 보자.

개는 짖는 것이 본분이다.

도둑이 들어도 짖지 않는다면 집을 지키기 위해 개를 기르는 주인에게는 무용지물이다. 요즘이야 애완견을 넘어 반려견으로 승격되어 마당 구석의 개집에서 도둑을 지키기 위해 매어져 기르던 개를 떠올리는 것이 격세지감이 들 정도가 된 세상이지만 개는 역시 짖을 일이 생기면 맹렬하게 짖어야 본분을 다하는 것임에는 틀림이 없다고 생각한다. 사냥개도 있고 독극물 탐지견도 있고 착하고 순한 인도견도 있지만 집을 지키는 개, 누룽지를 부어 주면 맛있게 먹던 그 소박한 마당의 개가 정답다.

올해는 무술년, 붉은 개의 해라고 그 해석들이 또 요란하다. 그 해석에 따른 그럴싸한 덕담들이야 애견가들께 돌리기로 하고 금년이야말로 제발 좀 사람다운 사람들을 좀 많이 만나며 살았으면 좋겠다. 자신의 선 자리가 어떤 자리인지 분명히 아는 사람들이 많아지기를 바란다.

나라의 크고 작은 일을 맡은 분들이 개의 해에 충견과 명견을 떠올리고 그들이 왜 사랑받고 칭송받는지 음미해 달라고 하면 실례가 되려나?

개들이 모여서 사람들은 큰 잘못을 저지르는 사람들에게 개만도 못한 놈이라고 욕을 하는데 우리들 보기에는 우리만도 못한 사람이 너무 많으니 잘못한 사람들에게 하는 욕을 '에이 사람만도 못한 놈'이라고 바꿔야 한다는 성토대회를 벌였다는 우스개는 어제오늘의 이야기가 아니다. 제발 새해에는 헛소리하지 않고 제대로 짖는 개를 많이 만났으면 좋겠다.

개를 무서워하는 터라 그 몸에 손 한번 대보지 못한 처지이지만 대부분의 사람들은 마당의 개를 쓰다듬고 사랑했다. 어느 해보다도 올해는 그 상징 동물을 훨씬 더 친근하게 느끼며 살 사람들이 많을 것 같다. 제발 개다운 개를 많이 보는 한 해가 되었으면 좋겠다. 마당의 개처럼 평범 속에서 행복해 보이는 개처럼 별 탈 없이 사는 소시민들이 행복해지는 한 해가 되었으면 그것도 좋을 일이다. 그리고 정말 제대로 짖는 개를 많이 볼 수 있기를 간절히 바란다.

2017. 12. 10.

좋을 줄 알았더니

드디어 뚫렸다. 아마 15년쯤 걸렸나 보다. 이 발전된 시대에 공사 기간이 그렇게 길었을 리는 없고 뚫린다 뚫린다 하면서 불을 때기 시작한 것이 그쯤부터 본격적인 시작이 아니었나 싶다. 결정된 정책이 공고되고 주민들에게 알려지고서도 아궁이의 불만 여전히 조용히 꺼지지 않을 정도의 불길만 이어가더니 몇 해나 지난 후에야 첫 삽을 뜨게 되었다.

이사 온 것이 2003년이니 올해로 만 15년째가 된다. 그때부터 끌던 일이 2013년쯤인가 본격적으로 시작된 것 같은데 또 몇 년이나 걸려 옥동자가 태어났다. 이름하여 신사터널과 봉산터널이다. 흙먼지를 피우고 고막이 터져나갈 듯한 소음과 돌 깨부수는 소리에 등골이 오싹오싹해도 참았다. 그러더니 휑하니 구멍만 뚫린 채 또 공사가 중단되고 이렇다 저렇다 말이 없어도 양순한 주민들은 이유를 물으러 관청을 찾아가지도 않았다. 들리는 말로는 경기도에서 안 뚫어 온다더라, 은평구에서는 다 뚫었다더라 하는 정도의 소식이었다. 그것도 누가 책임 있게 전해 주는 것이 아니라 그냥 풍문으로 떠도는 얘기를 귀동냥하는 것이 주민들이 할 수 있는 최선의 길이었다. 삶에 지친 사람들은 뚫린다니 뚫리겠지, 하는 정도의 반응이었다.

길이 어서 뚫려야 집값이 오를 텐데, 하면서 조바심에 가슴 졸이거나 신경을 곤두세울 정도의 유전인자를 가진 사람들은 아예 멀리 딴 동네로 다 뜨고, 여기 남은 사람들은 그런 것들로부터 초연하거나 공기 좋은 곳에 방점을 찍고 산 밑을 찾아들었거나, 아니면 돈이 모자라 돈에 맞는 곳을 찾아서 할 수 없이 깊이 들어왔거나 아니면 잠깐의 실수로 착각에 빠져 덜컥 계약을 해 버리고 그날부터 후회하면서 할 수 없이 들어와 사는 사람들이라고 하면 실례가 되려나? 아무튼, 그런 동네에 살고 있다.

당신은 어떻게 들어온 사람이냐고 묻는다면 시어머니 생존 시 방이 여럿 필요한데 돈에 맞는 집이 여기뿐이어서, 그리고 차를 타고 주욱 들어와서 이렇게 대중교통 접근이 먼 줄 미처 몰라 저지른 실수였다고 답함이 맞는 처지이다. 앞으로 북한산이 한눈에 병풍처럼 펼쳐 있고 뒤로는 봉산이 아늑하게 가까이에서 좀 높은 병풍을 둘러주어 아늑하고 경관이 빼어난 곳에 사는 행운을 누리고 있다.

시모님도 떠나시고 식구도 줄어 이제 넓은 집이 거추장스러워 이사 갔으면 좋은 형편인데 깊은 곳에 들어와 있는 넓은 집이 팔리지 않으니 하루 빨리 굴이 뚫리기만 학수고대하고 있는 중이다.

굴이 뚫려야 버스도 들어오고 집을 팔기 쉬워질 것 같아서이다. 기대했던 버스는 감감무소식이고 공사용 레미콘 트럭만 꼬리를 물고 달리는 길이 되어 버렸으니 깊이 들어와서 공기 하나 좋던 장점마저 사라져 버렸다. 고양시 쪽으로 연결된 이 길은 강화로 가기에도 빠르고 자유로 쪽으로 나가기에도 지름길이 되다 보니 통행량만 많아져서 교통에 일조를 하게 되었으나 대중교통의 연결이 안 되다 보니 서민들에게는 그림의 떡이 돼 버린 길이다. 밤이 돼도 예전 같은 신선하고 청량감 있는 공기가 아니다.

고양시 쪽에 신축 중인 아파트 단지가 입주 완료되는 내년 하반기에나 버스 연결이 될 모양이니 기다려 볼 수밖에 없지만 텁텁해진 공기를 생각하면 속이 뒤틀린다. 길이 뚫리면 좋을 줄 알았더니 그게 아니다. 세상사 바로 이런 거 아닌가 하는 생각을 떠올리며 쓴웃음을 짓는데 굴 위에 걸린 해가 빙긋이 웃고 있다.

무대를 제대로 만나야

세상을 살아가는 동안 여러 가지 일을 겪게 되지만 주어진 환경이나 상황을 자신이 선택할 수 없는 경우가 더 많을지도 모른다. 우선 태어나는 것부터가 자신의 의지와 전혀 상관이 없지 않던가? 누군들 좋은 환경에 처하기 싫은 사람이 없겠지만 세상은 좋은 환경보다 척박한 환경이 더 많을 수도 있다. 똑같은 정도의 재주에다가 노력 또한 비슷한 수준으로 하는 두 사람이 있다면 그가 처한 환경에 따라 그 결과는 상당히 다를 경우가 많다.

공작이 나래를 활짝 펴고 도도하게 서서 천천히 돈다. 암컷을 향한 데이트 신청을 하느라 혼신의 힘을 다해 한껏 위용을 드러내는 자태를 연출하는 중이다. 사람들은 자신들의 눈요기를 위해 나래를 펴 준 것으로 착각해서 박수를 치며 좋아하지만, 그는 열심히 종족보존을 위한 치열한 업무를 수행 중일 뿐이다. 어쨌거나 동물원 너른 마당의 우리 속이라면 그 화려함이 눈부시게 빛날 터이건만 지금 저 공작은 자신의 편 날개가 거의 천정과 철망에 닿을 정도의 좁은 공간에 갇혀서 백만 불짜리 쇼(?)를 벌이고 있는 것이다.

어린이날 연휴에 아이들과 함께 나들이를 나왔다가 서오릉 근처의 음식점 마당 한쪽에 차려진 커다란 새장 앞에서 만난 행운인데 웃어야 할지, 울어야 할지 착잡하기만 하다. 이럴 때 딱 어울리는 속담이 있을 것 같은데 잘 떠오르지 않아 답답하다. 개 발에 편자도, 비단옷 입고 밤길 걷기도 무언지 부족한 상황이다. 시골 서커스장 천막 속에서 비엔나 오페라 극장의 프리마돈나 뺨치는 솜씨로 노래를 부르고 있는 가수를 보고 있는 심정이 오히려 맞을 것 같은 형국이다.

펼쳐진 날개가 마치 싸구려 쥘부채를 편 것 같이 초라해 보일 뿐 그 위용을 느껴 볼 구석이 없다. 햇볕도 들지 않는 그늘진 곳이라 날개가 퇴색해 보여서 더욱 후줄근해 보일 뿐이다. 그렇거나 말거나 공작은 열심히 날개를 가볍게 떨면서 공들여 암컷을 유혹하기에 여념이 없다. 호암미술관에 갔을 때 1시간이나 기다렸다가 겨우 볼 수 있었던 공작의 나래 펴기는 그 아름다운 정원과 어우러져 실로 한 폭의 환상적 그림이었다. 정신없이 보고 있는 사람들을 놀려 주고 싶었던지 그 공작은 이내 도도한 쇼를 마무리하고 들어가 버려서 애를 태웠는데 오늘 저 공작은 인심도 좋게 오래도록 나래를 펴고 임무를 수행 중이다. 예전에 창경궁에 동물원이 있던 시절 12시면 공작이 나래를 편다 해서 시간 맞춰 갔다가도 얼마를 기다려서야 진풍경을 구경할 수 있게 되는데 어찌나 빨리 접어 버리는지 안타까워 발을 동동 구르던 기억이 난다.

공작이 나래를 펴고 있는 시간이 대략 비슷하련만 그때는 보기가 좋고 아름다워서 금세 접어버리는 것 같았던 모양이다. 지금은 초라하고 불쌍한 생각에다가 주변이 누추하니 꼴이 보기 싫은 마음이라 오래도록 펴고 있는 것 같이 느껴지는 것 같다. 사람의 한 생도 저와 다를 것 같지 않다. 자신의 재주와 능력을 마음껏 펼칠 수 있고 또 그것이 딱 맞아떨어지는 행운을 만나면 최대의 결과물로 빛을 발할 것이다.

고아로 우리집에 들어와 일을 도와주며 자란 순이 언니는 이난영 뺨친다는 찬사를 받을 정도로 노래를 잘 불렀다. 그 언니가 부르던 「봄날은 간다」는 백설희 같은 고음은 아니지만 야릇하게 사람의 간장을 녹였다. 오촌 아저씨 한 분은 단가의 명수였는데 판소리 또한 일가를 이룰 만해서 사람들을 즐겁게 했다. 그분들 모두 식구들의 귀를 즐겁게 했을 뿐이다.

아직도 펴고 있는 공작의 나래 위로 그 얼굴들이 함께 돈다. 도도히 돈다. 그래 무대를 잘 만나야지 재주가 무슨 대수냐고 소리치는 것 같다. 그래 그것이 인생이다. 공작이 가엾어서 철망 가까이 다가가 본다. 여전히 암컷은 주위를 맴돌고 공작의 날개는 사르르 떨림을 계속하며 천천히 아주 천천히 도도하게 돌고 있다. 처연하게 쳐다보는 내가 오히려 불쌍해 보였는지 묻는다, 너는 무대를 잘 만났느냐고. 글쎄 둔재인 몸으로 이만큼이라도 누리고 살았으니 무대를 잘못 만났다고 하면 교만일 것이다. 그런데 자꾸 고개는 도리질을 치고 있다. 자꾸 묻는다, 너도 그러면서 왜 나를 동정하느냐고. 눈시울이 붉어지며 목울대가 당겨온다. 볼이 뜨끈해지는데 강아지를 보러 갔던 손녀가 뛰어온다.

'할머니, 공작은 좋아하느냐'고 물으며 젖은 눈가를 흘끔거린다. 철망 속에 있는데 뭐가 무서워서 우느냐는 무언의 질문이 입가에 걸려 있다. 워낙 개를 무서워하는 할미를 잘 알기에 공작도 무서워서 우는 줄 알았나 보다. 그래 저렇게 귀여운 손녀를 갖게 해 준 정도의 무대면 흡족할 일이지 무엇이 부족해서 청승을 떠는지 알다가도 모를 일이다. 그래도 저 철망 속의 초라한 공작의 모습이 왜 남의 일 같지 않은 것인지, 욕심은 여전히 하늘을 찌르니 아직 늙지 못한 것 같다.

2019. 5. 6.

꽃은 자신을 위해 피건만

벚꽃이 흐드러지게 피었다가 꽃비를 아낌없이 뿌리고 떠나려 한다. 지난해에도 그랬고 그전 해에도 그랬듯이 아무 일 없었다는 듯 꽃잎은 하염없이 지고 있다. 어디 벚꽃뿐이랴, 봄이면 온갖 꽃들이 무엇에 쫓기기라도 하듯 앞다투어 피고 지느라 산야는 온통 물감의 향연을 벌이고 있다. 그 속에서 지친 심신을 씻어내며 위로를 받기도 하고 움츠렸던 겨울을 쫓아버리고 아지랑이 같은 꿈을 키우며 희망을 노래하기 시작한다.

광양으로 매화를 찾아 떠나고 산수유를 찾아 구례로 갔다가 쌍계사 벚꽃 십 리 길을 돌아온다. 그 길목에 목련이 슬픈 미소를 짓다가 추한 모습으로 지는 속에 개나리 진달래가 수줍은 새색시 옷매무새로 나그네를 반긴다. 이제 그런 수고를 하지 않아도 동네마다 이런 꽃잔치를 앉아서 즐길 정도로 가꾸고 다듬어졌다. 그야말로 삼천리금수강산이다. 지자체들마다 축제를 벌여 주민을 위로하고 하나로 뭉치게 하는 효과 위에 관광객을 모아들여 지역 발전을 꾀하는 일석이조의 행정을 편 지 오래다.

우리 동네에도 벌써 몇 년째 벚꽃 축제가 열리고 있다. 올해는 여러 개 부스 중에 문학 부스를 하나 운영해 보라기에 은평문협 문학 부스를 열고 문인들이 나앉았다. 책들을 들고 나와 한편에 책 드리기 자리를 마련하고 정지용과 윤동주의 좋은 시 몇 편을 써서 걸었다. 읽고 마음에 드는 시에 스티커를 붙여 달라는 형식으로 독자를 끌어들이는 프로그램이다. 예상보다 훨씬 호응도가 높아 기분이 좋다. 300여 권의 책이 성황리에 나누어지고 글쓰기 코너에서 짧은 글을 남기고 가는 사람들도 꽤 많다. 문학과의 스킨십을 통해 자연스럽게 문학을 생활 속으로 끌어들이려는 의도가 크게 빗나가지 않음을 확인할 수 있는 귀중한 경험이 될 것 같다.

생각보다 많은 사람들이 문학에 관심을 보여주고 있음에 기분 좋아진 회원들과 순댓국 한 그릇으로 시장기를 면하고 하늘을 본다. 은행나무가 꽤 푸르러졌다. 벚나무도 부지런히 잎새를 틔워내 푸릇거려 지다가 이내 녹음을 이루고 버찌라는 열매로 다시 한번 사람을 유혹할 것이다. 저마다 종족 보존을 위한 행군을 계속하고 있는 것이다. 꽃이고 나무고 가릴 것 없이 모두들 제 할 일에 여념이 없구나 싶은 생각이 들자 정작 우리네 사람들은 무엇을 하고 있나 궁금해진다. 열심히 살고는 있지만 어쩐지 저들 식물보다도 못한 것 아닌가 하는 객쩍은 생각이 머리를 스치는 순간이다.

문학 향수를 많은 사람들에게 누리게 해 주고 문학의 지경을 확대하는 것도 중요하지만 어찌 보면 문인 자신의 작품 세계가 넓어

지고 작품의 질을 높이는 일이 더 시급하고 귀한 일이 아닐는지, 생각이 여기 이르자 정신이 퍼뜩 든다. 뉘엿거리는 저녁 해가 갑자기 마음을 바쁘게 한다. 어서 돌아가 밀린 글도 쓰고 책장 정리도 좀 해야겠다. 벚꽃이 나 대신 글을 써 줄 리도 없고 책 한 권인들 옮겨 놓아 줄까 보냐. 그래도 꽃비는 환상적이다. 돌아보니 불광천 물 위로 분홍 꽃비가 별처럼 내려앉고 있다. 지난봄에 저랬듯이 내년 봄에도 저럴 테지.

2017. 4. 22.

부부싸움

나 혼자 놔두고 그렇게 가 있으니 좋으냐고 눈을 흘긴다. 그러기에 조금만 덜 마시지 그랬냐, 몸 생각 좀 하고 조심 좀 하지 그랬냐, 말도 끔찍이도 안 듣더니 거 봐라 등등 한없이 퍼부어대도 반응이 없다. 눈도 껌벅이지 않고 그대로 듣고만 있다. 반응이 없으니 심드렁해지며 한숨 한 번 길게 내쉬고 이내 입을 다물어 버린다. 이 정도 길게 쏟아냈다면 집이 떠나갈 정도의 큰 목소리로 그만 못하느냐는 질타가 서너 번은 날아왔으련만 조용하다. 사진이 어찌 눈을 흘기고 소리를 지를 수 있으랴.

손바닥이 마주쳐야 소리가 나지 않겠느냐는 속담이 떠오르며 부부싸움을 할 수 있다는 것 자체가 행복임을 실감하는 순간이다. 늦게 들어와서는 공연히 사진에 대고 '약 오르지?' 하면서 늦게 왔다고 타박하는 사람 없음에 대한 설움을 삼킨다. 홀로 하는 부부싸움을 할 만큼의 정신 줄이나 죽을 때까지 붙잡고 살 수 있는 행운을 빌어본다.

평생 어른들을 모시고 사느라 부부싸움다운 싸움도 제대로 못 하고 살았다고 생각했는데 남편 가고 얼마 지나지 않은 어느 날 아들이 어떻게 아빠 하고 이혼 않고 살았느냐고 진지하게 묻는 바람에 기가 탁 막혔다. 하굣길에 엄마가 오늘 집을 나갔으면 어떻게 하나 하는 걱정을 안고 올 때가 많았다는 것이 아닌가? 그런 날 내가 집에 있으면 뛸 듯이 기쁘면서도 이상하게 생각되더라며 웃는 아들도 이제 중년이다. 대답을 재촉하듯 지그시 쳐다보는 아들의 웃음에 고마움이 배어 있다.

좀 참을 걸 아이가 얼마나 불안했을까 싶으니 미안하기 그지없다. 그런 속에서도 잘 자라 준 아들에게 감사하는 마음이 들면서 목이 메어 온다. 별것도 아닌 일로 무던히도 싸우고 산 것 같기는 하다. 그래도 금슬 좋다는 소리를 들었는데 아들에게 허를 찔렸다. 저렇게 실없이 사라질 줄 알았더라면 하는 대로 내버려 둘 걸, 술 좀 덜 마셔라, 좀 아껴 써라 등등 효험 없는 처방전을 들이대며 힘만 빼며 살았다. 부부싸움이 칼로 물 베기임을 알 리 없는 아이만 불안하게 만들었다. 이제 벨 물이 없으니 아쉬워한들 무슨 소용이 있겠는가, 며느리가 못난 시어미의 전철을 밟지 말아 주기를 바랄 뿐이다.

2019. 5. 15.

2

버려진다는 것

계단 좀 내다 버려

세상을 살아가는 동안 불편한 일이나 여건을 마음대로 바꿀 수 있다면 얼마나 좋을까? 만약 그럴 수만 있다면 불편한 집에서 살 사람은 하나도 없을 것이다. 맛있는 것만 골라가면서 먹고 지낼 수도 있을 것이다. 직장에 가서도 마음에 맞는 일만 하고 싫으면 안 하고 그만일 수 있다면 스트레스 받을 일도 없을지 모른다. 어려서야 싫으면 안 한다고 떼를 쓰고 원하는 것은 달라고 조르면 해결되는 경우가 많다. 불편한 것이 거추장스러우면 치워달라고 말하면 대개 이루어진다. 그것이 뜻대로 되는 것이 아님을 터득하게 되면서 사는 일이 고달파지는 것 아닌가 싶다.

아이가 자라서 어른이 되는 것은 자연의 이치이고 축복이지만 어쩌면 점점 힘 드는 쪽으로 가는 것일 수도 있다. 어른이 되어 책임 있는 사람으로 산다는 것은 정말 어려운 일이다. 책임을 벗어 노인이 되면 사는 것이 편해질 줄 알지만 오히려 더 힘들어진다. 젊어서야 희망이 있고 성취감이라는 선물이 기다리고 있지만 노년의 생이라는 것은 그 두 가지가 사라진 것 때문에 얼마나 고단하고 팍팍한 것인지 살아보기 전에는 모른다. 젊을 때는 힘들다가도 한편으로는 자식을 잘 키워야 한다는 책임감으로 어떤 힘든 일도 해낼 수 있었는데 이제 그런 사명감이 있을 리 없으니 매사가 힘들다. 게다가 몸은 기력이 떨어져 가는데 가슴은 전혀 거기 쫓아갈 생각이 없고 점점 더 어려지려 하니 균형이 깨져서 말씀이 아니다.

할미 손을 붙들고 계단을 올라가다가 4살배기 손녀가 쏘아붙인 말이 "계단 좀 내다 버려."였다. 저희 아파트에서는 승강기로 쉽게 오르내리는데 왜 여기는 이 계단이라는 것이 있어 가지고 이렇게 힘들게 하느냐 싶어서 짜증 섞어 쏘아 댄 말이다. 계단 없으면 어떻게 올라가려느냐는 질문에 숨도 돌리지 않고 한 대답은 "엘리베이터 갖다 놓으면 되잖아?"였다. 그렇다. 그 쉬운 것을 왜 이 미련한 할미는 어째서 못하고 이 어린 손녀를 고생시키고 있는가 말이다. 그날 할미가 할 수 있었던 것은 아이를 덥석 안고 계단을 오르는 일이었다. 그밖에 할 수 있는 일이 아무것도 없었으니까.

이제 그 아이도 사춘기를 지나 후반 소녀기로 접어들었다. 하는 모양새로 보면 청년기에 이미 들어선 느낌이 든다고 함이 더 맞을 정도이다. 김정일이 남한의 중2가 무서워서 못 쳐내려온다는 우스개가 옛말이 되었다. 계단을 내다 버릴 수 없다는 것을 알게 되면서 저들은 자신들의 꿈을 위해 무섭게 질주한다. 내가 좋다는데 왜 못하게 하느냐? 내가 싫다는데 왜 하라고 하느냐? 어쩌면 이 둘의 명제밖에 없는 것이 오늘의 저 아이들 방황의 이유인 것 같기도

하다. 여기저기서 “내가”라는 목소리만 크게 들린다. 네가 없는 나는 곧이어 나도 없애 버림을 그들은 아직 모른다. 계단이 없으면 불편한 정도가 아니라 집에 올라갈 수 없음을 그들은 인정하려 하지 않는다. ‘계단을 없애고 승강기를 갖다 놓으면 되잖아’라는 생각밖에 없으니 못 갖다 놓는 현재에 대해 불평만이 쌓여간다. 요즘 아이들 조숙해서 걱정이 아니라 어쩌면 4살에 머물러 있어 큰일인지도 모를 일이다.

아이 말이 맞다. 불편한 계단을 내다 버리고 승강기를 놓는 것이 순리다. 그것이 발전이다. 승강기를 없애서 모두 계단을 오르는 불편을 감수하게 함으로써 불평의 싹을 잘라야 한다? 분명 궤변이다. 그런데 이런 궤변이 평등의 허울을 잘못 쓰고 나오면 사회를 혼란스럽게 한다. 평등은 좋은 것이지만 하향평준화를 통한 평등은 발전이 아니라 퇴보로 가는 지름길이 되기 쉬워서이다. 고교 평준화가 하향평준화 되어서 교육의 수월성 학보를 위해 보완책으로 등장한 자사고 제도가 헐려지려 하고 있는 기사들을 보면서 왜 자꾸 4살 손녀의 말이 생각나는지 모르겠다. 교육 전문가도 아닌 터에 무슨 뾰족한 대안이 있어서가 아니라 혹여 평등만을 생각한 나머지 또 다른 면을 못 보는 것은 아닌지 염려스러울 뿐이다.

세상에서 공부가 제일로 하기 싫다던 아이도 말로만 그러면서 제 할 일은 해서 크게 낙오되지 않고 잘 따라 나가는 걸 보면 4살에서 머물지 않고 잘 자라고 있는 것 같아 대견하다. 그 애 말이 맞지, 공부가 재미있다는 걸 벌써 터득하면 애늙은이 아니겠는가? 힘든 세상사 겪다 보니 그제야 그래도 공부가 비교적 많은 것 중에서 쉬운 일에 속함을 알게 되었다. 투자에 비해 결과가 정직할 정도로 정비례로 나타난다는 점 때문에 우리 시대 사람들이 하는 생각이다. 요즘 아이들은 그 정비례의 법칙이 맞지 않는다고 믿고 있는 것 같다. 그것은 우리 눈으로 볼 때는 안타까운 비극이다. 아무리 열심히 공부해도 단 한 번 시험에 한두 문제로 운명이 갈린다고 굳게 믿고 있는 아이들이 딱하고 지극히 염려스럽다.

여러 가지로 어려운 지금 난마처럼 얽힌 문제들을 지혜롭게 풀어가야 할 지도자들이 혹시 4살배기 생각을 할까 봐 밤잠을 못 이루는 것이 늙은이의 기우이기만 바랄 뿐이다. 불거진 문제들만 쳐다보다가 뿌리를 병들게 하는 우는 범하지 않도록 도와주시라는 기도를 하는 일밖에 달리할 수 있는 일이 없어 한스럽다. 아이야, 세상은 거추장스러운 것을 없앤다고 편해지는 것이 아니란다. 내가 못 가진 기회를 상대방이 가졌을 때 그것을 없앤다고 평등해지는 것은 더더욱 아니란다.

2018. 1.

거기서 보고 싶다

송도가 완전히 탈바꿈되어 옛날 해수욕장을 찾을 수 없다. 남아 있긴 하다는데 고층빌딩 숲에서 방향도 찾기 힘들다. 오늘은 세미나를 하러 와서 혼자 찾아 나설 시간이 없으니 나중에 혼자 와 봐야겠다. 수영을 잘해서 해수욕장을 찾는 줄 알면 오해다. 애들하고 바다에 가도 튜브만 찾고 있는 벽돌 짝이다. 물귀신이 문을 엿본다는 토정비결 오뉴월 운수 괘 때문에 물가에 얼씬도 못하고 소녀 시절을 다 보냈다. 어머니 감시망이 워낙 삼엄해서 바다 구경을 못했으니 수영을 배울 기회가 없었다.

6살 때 온 가족이 송도로 해수욕장을 갔다. 아버지는 우리 가족을 다 데리고 가긴 했는데 바다에 함께 들어가지는 않았던 모양이다. 함께 물놀이를 한 기억이 없다. 시골에서 다니러 온 외사촌 오빠가 나를 데리고 잘 놀아 주었다. 수영을 못하는 나를 위해 무등을 태우고 바다로 멀리 나갔다. 정신없이 가다가 아마 경계 표시를 못 보고 넘어갔던

가 보다. 호루라기 소리가 요란하고 구조대원이 급히 헤엄쳐 왔다. 바다 가운데로 들어가는 것만 신기해서 한창 신이 나 있다가 갑자기 수선스러워지면서 사람들은 우리 쪽으로 고개를 돌리고, 분위기가 이상했다. 오빠는 급히 몸을 돌려 해변 쪽으로 걸어 나가면서 그제야 무슨 큰일이 난 것이구나 싶어 마음 졸이던 그 바다의 풍경은 지금도 눈에 선하다. 아무 일 없이 해변까지 나왔지만 어머니는 사색이 되고 아버지는 모래사장에서 나를 받아 안으며 바로 돌아간다는 철수명령(?)을 내렸다. 이렇게 바다와의 첫 대면이 위험한 곳이라는 인상으로 찍히는 부정적 기억을 남기는 바람에 수영을 배울 엄두도 못 내고 자랐던 것 같다.

수영을 못하면서도 더위를 몹시 타서 그런지 물에 가는 것은 매우 좋아한다. 물속을 걸어 다니면서도 수영장에 잘 가고 휴가 때면 바다를 찾아 튜브를 끼고 파도타기를 즐겼다. 동해안 어딘가는 기억이 없는데 파도를 타다가 튜브가 빠져나가는 바람에 혼이 나기도 했다. 수영을 못하니까 튜브를 끼고서도 발이 바닥에 닿는 곳까지밖에 안 나가는 것이 철칙이다. 그러니 무슨 재미가 있겠는가? 바닷물만 묻히고 나오는 신세이다. 그래도 바다를 좋아한다. 바라보기만 해도 속이 탁 트이는 바다, 생각만으로도 좋다.

아버지는 그 후로 많이 바빠서 그랬는지 그날 하마터면 나를 놓칠 뻔했다는 생각에서였는지 알 수는 없으나 다시는 바다에 가족을 데리고 가지 않았다. 10살 때 6·25전쟁이 났고 아버지는 납북되어 생사를 모르니 영영 아버지와 바다에 갈래야 갈 수 없이 되고 말았다. 그래서 송도해수욕장을 꼭 보러 다시 와야 한다는 생각이 짓

누르는지 모른다. 연안부두에 가서 아무 배나 잡아타고 무작정 가면 어디가 될까? 몇 년 전 연평도에 갔을 때 바로 건너편이 해주라고 했을 때 뛰던 가슴이 다시 뛴다. 해주 오(吳)가여서 그랬을까? 본관이 해주라고 그렇게 가슴이 뛰지는 않았을 것이다. 저렇게 지척이 북녘이라니, 손에 잡힐 듯한데 왜 바라만 보고 갈 수 없단 말인가, 이제 갈 수 있은들 아버지는 100세가 훌쩍 넘었으니 만나기는 이미 글렀지만 그래도 갈 수 있으면 좋겠다.

졸라 매인 허리띠가 헝겊이라면 벌써 열 번도 더 갈아 띠었어야 할 만큼 세월이 흘렀건만 도무지 끊어질 기미가 보이지 않는다. 왜 우리가 나뉘어야 했을까 핏대를 세워봐야 무슨 소용이랴. 모두가 나라 힘이 약한 소치인 것을. 대원군의 쇄국정책이 유죄라 하고, 무엇이 원인이라 하고 할 말들은 많지만 삼면이 바다인 나라가 바다를 업신여기고 활용하지 못하면서부터 국력도 약해졌던 것이라고 하면 지나친 편견이라 할까? 장보고의 해상왕국을 이어 올 수 있었더라면, 고려 때까지도 해상 활동이 활발했던 것을 웬일인지 조선에 들어와서부터 바다에서 손을 놓고 어민을 하찮게 여기고 조선 말엽에는 밀려드는 개항 요구를 무조건 막아버리는 등 국제 정세에 깜깜한 지도자들 때문에 결국 나라를 빼앗기는 지경까지 이르고야 말았다는 생각이 전혀 틀린 것만은 아니리라 믿는다.

무슨 일이 잘못되면 시아버님은 그때마다 속담 한 마디로 한숨을 대신하셨다 '소경 개천 나무라 무엇해'라고. 그렇다, 내 잘못을 먼저 시인해야 발전이 있을 것 아닌가? 우리 선조들은 절묘한 속담을 한둘 남긴 게 아니지만 어쩌면 그렇게도 상황에 딱딱 들어맞는 명구들은 남겼는지 존경스럽다. 그래 바로 그거다. 국력을 길러야 한다. 삼면이 바다인 우리나라는 바다를 통해 부강을 도모해야 한다. 우선 나같이 소극적이고 부정적으로 바다는 무섭다는 생각을 하지 않도록 교육해야 하고 바다를 삶의 터전으로 생각하고 정복하도록 기상을 키워야 한다. 그보다 더 중요한 것이 소중한 바다를 마음껏 더럽히는 못된 버릇들을 고치고 바다를 살려내야 한다.

바다 사랑으로 지구도 살리고 수산자원도 살리고 바다를 통해 국력도 키운다면 허리띠도 끊고 바라만 보던 내 바다를 마음껏 노저어 갈 수 있는 날이 가까워질 수 있다. 암만 그렇고 말고. 해주를 건너다보며 애만 태울 것이 아니라 한달음에 달려갈 수 있는 날이 반드시 올 것이다. 연안부두에서 배를 타고 연평도까지만 갈 것이 아니라 해주에 건너가 황주 사과를 한 입 베물고 대구 사과 맛과 비교하는 재미도 맛볼 수 있으리라.

송도의 해가 빌딩 사이로 지고 있다. 내년에는 해주 앞바다에서 불타는 일몰의 장관을 보았으면 좋겠다.

2017. 8. 2.

과분한 영광

세월이 참 빠르다. 수필의 날을 시작하자고 의논하던 때가 엊그제 같은데 어느새 열여덟 번째이니 이제 내년이면 성년이다. 모든 문학 장르들이 다 그날이 있는 것은 아닌데 유독 수필의 날까지 정할 필요가 있겠느냐는 반론들이 없었던 것은 아니다. 하지만 여러 논의를 거쳐 연암 박지원의 『열하일기』 중 「일신수필」을 쓴 날인 7월 15일을 수필의 날로 정하고 시행해 왔다. 윤재천 선생께서 일찍이 12월 1일에 자신의 문학회에서 수필의 날을 선포하신 바 있어 그것을 존중하여 그때부터 시작으로 삼고 그때 선포한 수필헌장을 이어받기로 했다.

몇 해를 이어오는 동안 너무 더워서 일기 좋은 날로 바꾸자는 의견이 많아지자 봄으로 바꾸어 4월 행사가 자리 잡았다. 지방 여러 곳을 다니며 전국의 수필가들이 한자리에 모이는 축제로 자리매김되어 온 수필의 날이 올해는 서울에서 열리게 되었다. 한국기독교100주년기념관은 아침부터 수필가들의 발길로 활기 넘치는 공간이 되어 갔다.

수필에 대한 특강이 주 관심사이지만 개회식 때 시상하는 올해의 수필인상은 전국 수필인들이 관심을 집중시키는 부분이기도 하다. 여러 가지로 상징적 의미를 갖는 상이기에 그럴 수밖에 없으리라 보인다. 올해는 거기다 더해서 제1회 윤재천 문학상이 그 개회식에서 함께 수여되다 보니 개회식에 대한 관심도가 예년보다 훨씬 높아진 것 같았다.

과분한 상을 받게 된 것이 염치없이 좋았지만 앞으로의 책임감을 생각하면 어깨가 무거워져 정신이 번쩍 드는 기분이다. 수필계의 발전을 위해서 공로가 있어야 받을 수 있는 상인데 그렇지도 못하면서 수상한다면 앞으로 그에 상응한 역할을 해야 하는 부채감이 따르는 상이라고 생각되어서이다.

한국문인협회 수필분과 회장을 맡아 8년째 봉사하는 지연희 회장이 이제 자신이 치르는 마지막 수필의 날 행사라고 하면서 그동안의 경과와 현재의 심경을 밝히는 개회 인사는 장내를 숙연하게 했다. 말이 그렇지 강산이 변한다는 10년 가까이 우리 수필계를 위해서 애써 온 노고에 감사의 박수를 힘껏 쳤다.

정목일 선생의 윤재천 문학상 제1회 수상 또한 수필을 쓰는 사람들의 마음을 조용히 가라앉혔다. 40년을 썼다는 그분의 수필 인생에 걸맞은 상이라는 생각에 한없이 부럽고 존경스러웠다. 윤재천 선생님의 문학상 제정은 큰 귀감이라 아니할 수 없는 일이다. 오늘의 윤 선생님 청바지 패션은 여러 의미로 가슴에 와 닿는 일 중의 하나이기도 하다.

개회식에 이어 오늘의 진짜 하이라이트인 임헌영 평론가의 특강은 그야말로 촌철살인의 연속이라 해도 과언이 아닐 정도였다. 100세 시대를 살면서 70대에 이미 죽은 것 같이 엄살을 부린다면 얼마나 큰 손해를 보는 일인가? 다시 한번 주먹을 불끈 쥐게 하는 시간이었다. 그래 내일이든 모레든 위에서 부르시면 갈 것이지만 안 부르면 가고 싶어도 갈 수 없는 그 길이 죽음이라는 길이라면 미리 쳐질 것이 아니라 앞을 길게 놓고 가던 길을 열심히 가면 되는 것 아니겠는가?

지방의 풍광을 즐기지는 못했지만, 서울에서의 차분한 수필의 날도 나름대로 좋은 것 같다.

근자의 남북정상회담을 보면서 느낀 감회가 강해서 수상 소감이 나랏일이라는 커다란 담론으로 이어져서 지나고 보니 쑥스럽기도 하지만 꼭 하고 싶은 얘기가 목울대를 밀고 올라와 버렸다. 정말 남북이 세 번째 봉합수술을 한 이즈음에 큰 상을 받았으니 가까운 장래에 대동강가에 가서 책을 펼쳐 들고 외치고 싶다. 아아, 이제 통일을 주제로 마음껏 기쁨을 노래하는 수필을 쓰겠노라고 마음껏 웃고 싶다. 이렇게 수상 소감을 마친 내 나이 어언 77인데 임헌영 선생의 특강에서 희망을 붙잡고 행사장을 떠난다.

제19회 수필의 날 행사는 부벽루, 개성?

2018. 5. 8.

나도 그렇게

땀에 젖은 빨래를 잔뜩 넣고 스위치를 누르니 번쩍하고는 꺼져버린다. 아무리 다시 눌러도 똑같은 상황만 반복된다. 아아, 돌아가셨구나. 혹시나 하고 AS기사를 청했지만 기능이 다해 끝났다는 진단이다. 사람으로 치면 죽은 것이라는 확인만 해 주고 기사는 돌아갔다.

새 물건을 사려는데 배달이 부지하세월이라는 것 아닌가? 값비싼 에어컨에 밀려 세탁기는 배달 순위가 뒤로 가는 형편인 것이다.

하루가 지났는데 빨래는 쉰내가 날 것 같고 세탁기는 언제 올지 모르니 보통 일이 아니다. 할 수 없이 목욕탕에 의자를 깔고 앉아 빨래를 시작했다. 수건 몇 개와 옷가지 조금인데 이렇게 힘이 들다니 없어 봐야 진가를 안다는 것을 실감하는 순간이다.

아이들 기저귀도 다 빨고 홑이불도 빨아가며 살았건만 수건 한 장도 제대로 짜지지 않고 손목만 시큰거린다.

없어 봐야 고마운 줄 아는데 나도 죽은 후에 지금 내 심정처럼 고맙고 요긴했다는 생각을 해 주는 사람이 있으려나 싶으니 자신이 없어 씁쓸하다. 별로 공적이 없으니 그야 어쩔 수 없는 일이고 이 세탁기처럼 단번에 깨끗이 갔으면 좋겠다는 생각이 밀고 올라온다. 자질구레한 고장으로 기사가 들락거리지 않고 단번에 확실히 가듯이 주변 사람 귀찮게 하지 않고 단숨에 가는 행운을 누렸으면 좋겠다. 바로 어제까지 온 식구 빨래를 소리 없이 다 해 주고 떠난 내 세탁기처럼 나도 그렇게.

물이 없으니

칼로 물 베기라는데 물이 아예 없어졌으니 허전하기만 하다. 이렇게 속절없이 사라지는 것인 줄 알았더라면 소중하게 생각하고 시간을 아낄 것을 지나서야 깨달으니 아무 소용이 없다. 아내가 말하면 남편이 좋다 하고 남편이 하는 일은 아내가 무조건 좋다 하는 부부도 많다는데 어째서 우리 부부는 평생을 싸우며 살았는지 모르겠다. 그때는 도저히 싸우지 않고 따라 할 수 없는 일들이었는데 지금 와서 생각해 보니 그렇게 목숨 걸 일이 별로 없었던 것 같다. 구체적인 내용이 생각나는 게 별로 없는 걸 봐서 하는 말이다. 물론 아주 중요한 일들도 있기는 했지만, 그것조차도 어차피 엎질러진 물이었으니 싸우지 말고 이해해 주었으면 좋을 뻔했다. 뒤늦게 왜 이리 천사가 되는지 그것 또한 속상한 일이다.

세상사는 방법이 달라서 그런 것은 꼭 어느 쪽이 옳다고 할 수도 없는 일인데 내 방법이어야 한다는 아집 때문에 그 습관을 고쳐 새로운 사람으로 개조해 보겠다는 사명감으로 매진(?)했다. 사람이 안 바뀐다는 것을 좀 일찍 알 수 있었으면 좋으련만 그것을 일깨우는 선생은 오직 연륜뿐인 것을 어이하랴. 공자님 말씀대로 귀가 좀 부드러워져서 만사 포기하고 시간을 좀 잘 써 보려고 사랑 공부를 시작하는데 누구의 시기 때문인지 홀연히 그가 사라졌다.

비누를 물에 풍덩 담가 놓고, 치약을 아무 데나 꾹꾹 눌러 울퉁불퉁한 튜브를 만들어 놓고, 새것만 보면 헌것은 멀쩡해도 던져 버리고, 건강에 나쁜 일만 골라서 하고, 술은 절친이고 게다가 과음의 연속이니 간이 녹아날 지경이고, 이러니 싸울 수밖에 없었다. 그래도 싸우지 않았어야 좋았을 것이라는 후회로 몇 년이 괴로웠다. 결국, 막연한 걱정이 현실이 되어 술 때문에 일찍 간 셈이지만 그래도 허송한 시간이 너무 아까워 몸부림친 밤이 얼마인지 모른다.

남편은 나를 좀 바꿔보려고 싸웠다. 나 역시 조금도 변하지 않았으면서 그 사람만 안 바뀐다고 아우성이었으니 코미디 수준이다. 그의 주문은 간단했다. 바깥일을 좀 줄이고 집안일에 신경을 좀 더 쓰라는 것과 자기의 저녁밥을 거르지 말고 차려달라는 것이었다. 시어머님이 장수하셔서 저녁 차리는 일이 내 몫이 된 것은 최근의 일이었는데 왜 다 차려놓은 것 덥혀서 좀 먹으면 되지 꼭 저녁을 차려달라는 것이냐고 볼멘소리를 하고 싸웠다. 당신 저녁 차려주려고 태어난 사람 아니라고 쏘아붙였던 말이 가장 가슴을 아프게 찔렀다. 아무것도 아닌 일로 소중한 것을 놓쳤다. 좀 일찍 들어가서 함께 저녁을 먹으면서 오순도순 살았으면 좋았으련만 철들자 망령이라더니 딱 그 격이 되어 버렸다. 어차피 허겁지겁 뛰어들어가 밥상을 차리면서 쓸데없는 후렴은 무엇 하러 붙여서 싸우며 살았는지 알다가도 모를 일이다. 나중에 후회를 말든지….

곰곰 생각해 보니 부부라는 것이 별것이 아니다. 함께 살면서 서로 살갑게 생각해 주면 그것으로 족하지 그보다 더할 것도 덜할 것도 없는 것이 부부이다. 그야말로 함께함이 전부인 것을 뭘 그리도 바라는 것이 많아 부족해 하고 티격태격했는지 모르겠다. 좀 더 출세하고 좀 더 돈을 잘 벌어 오고 하는 것은 2차 3차의 문제인데 순위를 뒤바꿔서 괴로워하며 헛짓을 했다.

밤 10시가 넘어 귀가한 날 사진에 대고 싸움을 건다. 약 오르지? 이렇게 늦게 들어와도 아무 소리도 못 하고, 그러기에 누가 그렇게 일찍 가래? 대거리가 없으니 재미가 없다. 칼을 아무리 휘둘러도 베어낼 물이 없으니 힘만 빠진다. 무심코 사 들고 온 노각이 한마디 한다. "누구 먹으라고 나는 사 들고 오신 겁니까?" 그러게, 먹을 사람 있을 때는 다른 반찬도 많은데 노각 타령이냐고 잔소리를 붙여 달고서야 만들어 주던 노각나물을 누구 먹으라고 만들려는 건지 한심한 아낙이다.

치약을 일부러 아무 데나 눌러 짜서 양치질하고 비누는 아무렇게나 던져 버리고 멀쩡한 수건들을 다 밀어 치우고 새 수건을 꺼내서 욕실 장을 채운다. 진즉 그럴 것이지, 그래 그렇게 연습해 가며 살아 내게 올 날도 머지않았을 테니까. 가루의 사진이 야릇하게 웃으며 올려다본다.

그때 내 말 안 듣고 팔아버린 그 집이 3곱절로 올랐답니다. 그러게 내가 뭐랬어? 말도 끔찍이도 안 듣더니. 소리를 질러도 묵묵부답이다. 아무리 둘러봐도 물사발이 없다. 힘 빠진 칼만 혼자서 춤을 춘다. 그래 이제 우리는 부부가 아니야 함께 하지 못하니까, 아니야 이렇게 혼자서라도 싸움을 걸 수 있으니까 우리는 여전히 부부야. 그럽시다, 치열하게 싸우면서 살아봅시다. 후회한다며? 어차피 인생은 후회가 본업이니까 싸우며 즐겁게 지내보자고요.

2018. 1.

버려진다는 것

세상에 어느 것이라고 영원히 쓰임 받는 것이 있을까? 일상으로 스치는 바람 한 자락도 어제와 오늘이 같을 수 없거늘 어느 것이 변하지 않으랴. 어떤 물건이나 옷이 갖고 싶어 용돈을 아끼고 무리를 해서 손에 쥐었을 때 그 기쁨은 이루 말할 수 없다. 하지만 세월이 지나 낡아지고 더 좋은 새것에 밀려 슬그머니 뒤로 밀려나고 기억에서조차 사라져 집안 어딘가 구석만 지키고 있으면서 잊혀간다. 간간이 주인의 눈에 띄었을 때 아직 쓸모가 있어 보인다는 판단에 그대로 자리만 지키며 쌓여 간다. 그래도 명맥을 유지하니 다행이라 할 일인지도 모른다.

수년 동안 팔려고 해도 여의치 않던 집이 졸지에 팔리게 되었다. 이 엄동설한에 20일 만에 꼭 입주를 해야 하는 원매자가 나타난 것이다. 임자 있을 때 팔아야 한다는 판단에 그 자리에서 계약서를 쓰고 창고에 짐을 맡긴 후 여행자처럼 지내면서 이사할 집을 찾아야겠다는 생각만 하고 일을 저지른 것이다. 애꿎은 컴퓨터만 두들기던 딸이 입주 중인 아파트에 우선 전세를 들고 차분히 새집을 찾자고 했다. 그 경비나 창고에 짐 옮기고 여행 살림하면서 드는 비용이나 비슷하다는 설명이다. 그것이 좋겠다고 마주 보며 웃었다.

편안히 자고 아침에 부동산 아는 곳들을 찾아 하루 만에 집을 정하고 계약을 했다. 처음에 연락한 부동산에서는 세상에 보름 만에 집 내놓으라는 소리는 부동산 몇십 년에 처음 들어본다며 기막혀했다. 어젯밤에 편안했던 마음이 싹 도망가고, 컴퓨터에 입주 중이라 빈집이 있는 것처럼 보였던 정보가 어느새 구문이 되고 입주가 거의 끝나 빈집이 없다는 설명을 들으니 가슴이 덜컹 내려앉았다. 이렇게 우여곡절을 겪으며 갈 집을 정하고 나니 이제 물건들을 버리고 이삿짐을 줄여야 하는 명제가 앞에 버티고 나타났다.

저장 벽이 장애 수준인지라 마음껏 쌓아놓고 살았으니 이게 보통 일이 아니다. 살고 있는 집보다 절반이 조금 넘는 면적의 집으로 가야 하는 데다가 옛날식 집이라 구석구석 물건을 쌓아 둘 공간이 많았는데 새 아파트는 깔끔한 접시 같아서 물건을 숨길 수 있는 공간이 없다. 어디서부터 손을 대야 할지 엄두가 나지 않아 닥치는 대로 우선 버리기 시작했다. 모든 기준을 1년 동안 사용 여부에 맞춰서 만지작거리지 말고 버리라는 권면의 말들을 금과옥조로 삼고 실천에 옮기기로 단단히 마음을 먹고 팔을 걷었다.

다행히 열흘 전에 평생 모은 수필집과 수필 관련 자료들 약 2천여 권을 대구의 한국수필문학관에 기증을 끝낸 터라 책 문제는 마음이 좀 가벼웠다. 시집도 약 500권 정도를 장차 고향집에 문학관을 만들겠다는 꿈을 갖고 있는 문우에게 기증했으니 생각만 해도 행복하다. 문인으로 사는 45년 동안 친필 서명을 담아 보내 준 글벗들의 저서를 차마 버릴 수 없어 고이 끼고 있었는데 폐지가 되지 않고 어엿한 문학관에 보존될 길을 열었으니 이보다 더 큰 행복은 없을 것 같다. 그동안 단 한 권도 버리지 않았으니 역사성 있는 자료의 성격도 강하지만 수필가들에게도 보람 있는 일이 된 셈이라고 자화자찬해 본다.

이제 남은 책들도 책장 5개 분량이지만 마음 편히 버릴 수 있을 것 같다. 다 필요한 것들이지만 이제 나이를 생각해서 과감히 버려야 한다. 아이들을 귀찮게 하지 말고 떠나야 할 것 아닌가? 언제일지는 모르지만, 위에서 부르실 날이 가까웠음은 엄연한 현실이니까 이 기회에 깔끔한 정리를 해야 한다. 대통령 표창을 받으러 간다는 날 입으라고 남편이 맞춰 준 정장 한 벌이 오랫동안 손에 쥐어진 채 손가락 하나 까딱할 수 없이 붙들고 있다. 연전에 첫아들을 낳았을 때 기념으로 남편이 맞춰 준 빨간 코트를 버릴 때는 남편과 마주 보고 웃으며 버릴 수 있었는데 이제 결재해 줄 그가 없다. 그때는 23년 살던 집을 떠나며 대량 버리기를 시도하여 신혼의 추억이 묻은 것들을 거의 정리했는데 그때는 별생각 없이 아직 쓸 수 있는데 아깝다는 생각이 버리는 손길을 지체하게 했을 뿐이다.

계단 구석을 잘 지키고 있는 술병들에 손을 대기 시작했다. 술을 무던히도 좋아하던 남편에게 절친한 술친구가 지리산에 내려가 살면서 산 작약 뿌리를 캐서 담갔다는 술을 보내온 것이 이제 임자를 잃은 채 외롭게 서 있다. 저 술 한 잔을 따라 마시며 친구와 전화하는 것을 안주 삼던 그의 호쾌한 대화와 천진한 듯했던 웃음소리가 온 집안을 울린다. 말간 술 한 잔을 따라본다. 술을 잘 못하는 처지지만 넋 놓고 앉아 홀짝이고 있다. 이 술병을 버려야 하나, 지고 가야 하나, 아무래도 버리긴 힘들 것 같다. 그가 밤에 와서 마시도록 잘 모셔 갖고 가야 할 것 같다. 버려진다는 것은 아픈 일인데 그가 버려진 것으로 착각하고 다시 안 오면 너무 슬플 것 같으니 아이들 눈치를 보면서라도 저걸 지고 가야겠다. 엄마가 술꾼이 됐다는 놀림을 받아도 좋다.

여보 글이 좀 괜찮아졌어? 아니라고, 왜 청승 떠냐고? 그래 5월에 산작약이 흐드러지게 피면 그 꽃잎 따서 물고 환히 웃으며 사진 한 장 찍어서 보내줄게. 안 보내줘도 된다고, 그래 배달꾼도 없으니 당신이 찾아와서 보면 되지 뭐. 내가 사는 날까지 세상으로부터 버림받지 않고 살 수 있게 기도해줘요.

2019. 1. 31.

이 혼돈의 시대에

아이들이 엄마 사랑한다고 하면서 언제부터인가 진짜야 정말이야를 붙이기 시작한다.

관심 있게 분석해 보면 그 현상은 좀 자란 후에 나타난다는 것을 발견하게 된다. 왜 그럴까, 어째서 순진한 아이들이 엄마를 사랑하는데 그냥 그 말로 만족하지 못하고 자라면서 진짜라는 말을 앞이나 뒤에 붙이게 되었을까?

우리가 모르는 사이 아이는 어른들에게서 진짜인 것과 아닌 것이 섞여서 진짜처럼 뭉쳐 들아가는 그늘을 서서히 알게 되었다고 하면 너무 슬픈 이야기가 되려나? 세상은 언제부터인가 진실과 거짓이 함께 사이좋게 동거하는 별천지가 되어 버렸다.

얼마 전 어느 목사님이 "얼마나 거짓이 많으면 사람들을 믿게 하려고 앞에 '순'이라는 글자를 붙였겠느냐."면서 "참기름으로 안 돼서 순 참기름, 메밀도 그냥으로는 안 믿으니 순 메밀, 하는 식으로 하지 않았겠냐?"고 우리 사회의 거짓 문화에 대해 질타하던 설교가 생각난다.

우리 사회는 지금 진실과 거짓의 진위를 가려야 하는 일들이 봇물처럼 터져 나와 국가의 중대사인 안보문제조차 덮어버리려 하는 지경에 이르고 있다. 당했다는 사람과 하지 않았다는 사람, 미안하기는 한데 그 정도는 아니었다는 사람, 지금 알려진 것은 빙산의 일각이라는 사람, 말 말 말들이 서로 다른 말들이 정신없이 날아다니는 속에서 정신이 혼미할 지경이다. 분명한 것은 그중에 진실은 분명 하나라는 사실일 것이다. 그중에 누군가의 말이 진실이라면 다른 하나는 반드시 거짓이련만 그 진실이라는 것이 모양도 없고 색깔도 없으니 진위가 분명하게 밝혀질 때까지는 당사자는 물론이고 지켜보는 사람들조차 진이 빠지기 일쑤다.

뇌물이다, 아니다. 얼마나 된다, 얼마밖에 안 된다, 신물이 날 정도로 듣고 또 들었던 이야기들, 이제 제발 그만 들었으면 좋겠다. 무슨 무슨 조사를 받다가 누가 누가 자살을 했다는 어처구니없는 말들도 이제 사절이다. 목숨은 내 것이 아니라 하늘이 주신 소중한 것이라는 말조차 진부한 소리가 돼 버린 이 나라, 우리가 어쩌다 이 지경까지 밀려왔나, 자탄하기에 앞서 글을 쓴다는 일이 무섭게 다가온다. 세상의 소금이어야 할 우리 문인들이 제 역할을 다 했더라면 이렇게 파탄지경의 나라 꼴은 구경하지 않아도 되었을지 모른다는 생각이 밀려와 자괴감까지 든다.

검찰에서 시작된 성희롱 성폭력 피해 여성의 폭로가 그동안 눌려 있던 여성들의 분노라는 뇌관에 불을 붙였다. 그 불길이 문화예술계로 옮겨붙으면서 사회가 받은 상처는 더 커졌다. 여성들의 미투운동이 들불처럼 번지더니 급기야 정치권을 강타하며 동방예의 지국의 무릎은 수렁 속으로 빨려 들어가고 말았다.

아이는 아파가며 자란다고 어른들은 말한다. 사람은 시련을 이기고서야 큰일을 성취하기 마련이다. 우리는 지금 처한 상황을 탄식으로 바라보거나 너 때문이라고, 네가 잘못이라고 서로 손가락질만 하는 과거에서 벗어나야 앞으로 갈 수 있다. 바로 나의 일로 생각하고 과감히 아주 과감히 새로 태어나야 한다.

남자와 여자는 그런 것이야, 남녀란 그런 것이야, 남자가 뭐 그런 거지, 그렇게 별것도 아닌 걸 가지고 그래 하는 등등의 과거식 사고방식이 머릿속에 남아 있는 한 패가망신이 문 앞에 엎드려 있는 세상에 살고 있음을 명심하지 않으면 그 패가망신의 주연 자리가 서슴없이 앞에 놓인다. 예전 사고방식으로 보면 참 남자 살기 힘든 세상이 되어가고 있는 것이다.

여자가 그런 일을 어떻게 창피하게 말을 해, 그냥 참는 거지 뭐, 저만 손해지, 하는 등의 피해의식에 머물러 있는 여성은 이제 박물관에 가도 만나기 어려운 세상이 되었으니 아마도 옛날로 돌아갈 일은 전혀 일어나지 않을 것이다. 여성들은 이런 의식의 변화가 올 때까지 얼마나 많은 여성 운동가들의 헌신이 있었는지 절대 잊으면 안 된다. 축첩반대운동을 벌인지 70년의 세월이 흘렀음을 생각하면 실로 격세지감이다.

글을 쓴다는 것이 무엇인가? 자신의 마음 깊은 곳에서 맑은 심성을 길어 올려 누군가의 심금을 울릴 한마디의 글을 쓰고 싶어서 밤을 새우는 것이 글 쓰는 이의 노고다. 진실을 바탕에 깔지 않고는 어떤 글도 쓸 수가 없다. 그리고 그렇게 진실을 말해야 하는 것이 문인 본연의 임무이다. 이 혼돈의 시대에 우리라도 정신을 똑바로 차리고 나침판이 되어 주어야 한다. 그것이 애국이다. 문인이라는 자리를 차지하고 있는 최소한의 염치이다. 자, 용기 있게 쓰자. 마음을 가다듬고 진실을 쓰자. 내가 보고 느낀 진실을 가감 없이 쓰는 거다. 도도히 흐르는 강물처럼 거침없이 우리의 나아갈 바를 밝히 보이는 글을 쓰는 거다. 진실은 어차피 하나이다. 그리고 하늘은 안다.

2018. 3. 17.

자존심 그리고 어머니

사람이 한 세상 사는 동안 누구에게나 버팀목이 있기 마련이다. 어떤 목표를 세우는데도 그 원인이 되어 주거나 그 목표를 정하게 하는 동력 같은 것이 그것이다. 아버지가 한국전쟁 때 납북되어 가신 후 어머니는 서른여덟 젊은 나이에 홀로 나를 키워야 했다. 아버지의 모습을 기억하는 것은 말할 것도 없고 그 어른의 철학과 생활태도 같은 것도 어느 정도 몸에 전이되어 있었던 것 같다. 아홉 살이었으니 알 것은 알 만한 나이이기도 하고 억울하게 앗긴 아버지의 모습은 더욱 크고 마음속에 깊이 각인되어 갔다.

나 자신이 아버지가 원하는 아이가 돼야 한다는 사명감 같은 것에 붙잡혀 있었음은 말할 것도 없고 그것은 곧 자존심으로 이어졌다. 아버지의 딸이 이래서는 안 된다는 생각은 무형의 채찍이 되어 나를 몰아세웠다. 게다가 어머니가 나 하나만 바라보고 살아간다는 강박관념이 어린 것의 마음에도 안쓰러운 부담이 되어 졸린 눈을 비비고 공부해야 했다. 내가 누구 딸인데 이래서는 안 되지, 하는 채근이 항상 따라다녔다.

누군가에게 억울한 대접을 받으면 감히 나를, 하는 생각으로 더 앞질러 나감으로써 그를 기어코 꺾어야 했다. 그러자니 능력으로 이겨야 하고 학생의 능력이라는 것은 공부하는 것으로 저울을 삼기 마련이니 열심히 공부하는 수밖에 없었다. 직장 생활을 할 때도 아버지의 딸로 부끄럽지 않아야 되고 이유 없이 억울한 대접을 받는 일은 결코 용서할 수 없었다. 그런 연유로 기자 생활을 하는 동안 남보다 먼저 취재를 해야지 세칭 낙종은 사절이었다. 기사를 놓쳐서 수모를 겪는 일은 내 사전에는 없었다.

혼인을 하고 나니 사정은 녹록하지 않았다. 시댁이라는 곳은 상식이 통하지 않고 오직 전통과 법도만이 강조되던 것이 1970년대의 우리네 가정 형편이었다. 내 기준으로는 아무리 생각해도 잘못한 것이 없는데 죄인처럼 무조건 사과해야 하는 수모는 아무리 생각해도 참을 수가 없었다. 마침 아이도 들어서지 않은 터라 옳다구나 하고 이혼을 강행하려 결심했다. 그런데 곰곰이 생각하면 할수록 자존심이 허락하지 않았다. 남들은 다 잘 사는데 어디가 모자라도 모자라기에 못 견디고 이혼하겠다는 것 아닌가 하는 생각이 들자 잠이 오지 않았다. 친구들이나 친척들이 모두들 하나같이 그래 너 그럴 줄 알았다, 네가 시집을 잘 살면 오히려 이상하지 그 자존심에 견디겠니? 하면서 그럴 줄 알았다는 반응들만 보일 뿐 어느 누구 하나 내 심정을 이해하고 동정할 사람이 떠오르지 않았다.

순간 정신이 번쩍 들면서 예의 자존심이 발동해서 남의 손가락

질을 받는 것은 부모님에 대한 모독이라는 생각이 들어 이혼을 포기하고 적응해 나가기로 결심했다. 사람들의 예상을 깨뜨린다는 성취감 같은 것이 내 신혼 시절을 견디게 한 원동력이었다. 어머니가 나를 어떻게 키웠는데 내가 남들 다 사는 시집을 못 살아낼까 보냐 하는 오기 같은 것의 힘을 받아 돌밭에 뿌리를 내리는 데 성공했다.

여성단체 활동을 하면서 실무자로 일할 때는 자존심을 다치지 않으려면 양보하고 참는 것밖에 방법이 없다는 생각으로 무난하게 일할 수 있었다. 역시 내가 누구 딸인데 이까짓 것을 못 참아? 하는 배짱이 나를 지켜 준 버팀목이다. 수필을 쓰기 시작한지 반세기가 가까워 오는데 그 일이야말로 내면의 적과 싸우는 일이었다. 글이 잘 써지지 않을 때면 당장 그만 접고 싶었으나 어머니가 생각나서 그럴 수가 없었고 아버지의 기대에 어긋나지 않는 딸이 되어 드려야 한다는 일념으로 열심히 쓰고 또 썼다.

외람되지만 목표는 항상 정상이었어도 워낙 재주가 비천하다 보니 글다운 글을 잘 써 보지 못했지만 그나마 쓰기를 계속하게 하는 버팀목은 자존심 그리고 어머니다.

야무진 돼지꿈

어제와 똑같은 해가 뜨고 바람이 불고 창문을 열면 신선한 공기가 가슴을 시원하게 해 주는 아침이다. 어제와 아무것도 달라진 것이 없건만 새해 첫날이라는 이 아침이 심상할 수가 없는 것은 무엇 때문일까?

흐르는 세월 속에 그저 한 점일 뿐인 오늘, 2019년 새해 아침이 밝았다. 계속 이어지는 시간의 연속선상에 인간이 줄을 긋고 칸막이를 하면서 몇 년이니 몇 해니 하고 의미들을 부여하며 살아왔고 또 그렇게 살아갈 것이다.

해마다 새해가 되면 다짐을 하고 계획을 세우고 연말이 되면 후회하고 또 새 계획을 세운다. 어쩌면 그것이 우리 인생의 진면목이고 그래서 세상은 살아볼 만한 것인지도 모르겠다. 꿈이 없다면 후회도 없을 테니까.

올해는 어느 때나 그렇지만 유난히 새해에 거는 욕심이 대단하다. 사람들이 그렇게도 좋아하고 꾸고 싶어 하는 돼지꿈을 꿀 수 있을 것 같아서이다. 황금 돼지해라고 호사가들은 벌써부터 말들이 많고 무지갯빛 청사진을 내보이기 바쁘다.

돼지는 얼핏 더러움의 상징인 양하면서도 우리 삶 속의 돼지를 보면 아주 친근한 동물 중의 하나가 아닌가 한다. 돼지 삼겹살이 없으면 주당들은 방황할 것이고 그의 머리가 없다면 고사는 어찌 지낸단 말인가?

더럽고 멍청한 것처럼 생각되는 돼지가 사실은 매우 깨끗하고 눈치가 빠르다는 게 돼지 사육가들의 얘기이고 보면 인간의 편견이 우리 사고를 가두고 있어서 돼지의 진면목을 잘 모르고 있는 것 같다.

아무려나 농가, 어느 집에나 가도 다 있던 돼지우리도 이제 사라졌다고 함이 맞을 것 같은 농촌 풍경이고 보면 집단 사육장의 돼지들은 식구들과 함께 살던 그들 조상의 돼지우리가 그리울지도 모른다.

열두 해마다 만나는 돼지해지만 그중에서도 황금돼지를 만나기는 쉽지 않은 일이고 보면 올해에는 야무진 돼지꿈 한번 꾸고 싶다. 쓰는 글이 대박이 나게 읽혔으면 좋겠다. 눈에 넣어도 아프지 않을 내 아이들과 손자녀들이 승승장구했으면 좋겠다. 사람이 부족해서 그런지 솔직히 그다음이 나라 걱정이다. 제발 경제가 살아나고 자유민주주의 시장경제가 위협받지 않고 잘 성장하는 대한민국으로 우뚝 섰으면 좋겠다. 젊은이들의 일자리가 살아나고 노년이 함께 일하며 살 수 있는 나라가 되었으면 좋겠다. 100년 전 목숨을 걸고 대한 독립 만세를 외쳤던 선열들의 눈물을 생각해서라도 우리는 반드시 그런 나라를 만들어야 한다. 그리고 자유와 민주가 숨 쉬고 춤추는 그런 나라로 통일을 이루어야 하고 이 땅에서 핵은 뿌리를 뽑아야 한다.

이런 일들이 현실이 되려면 우리 문인들은 소신껏 열심히 쓰고 말해야 한다. 문인이 글로써 사회의 소금 되기를 게을리한다면 그것은 직무유기다. 수필인들은 이런 면에서 어느 장르보다 더 큰 책임을 지고 있는 사람들이라고 생각한다. 그것은 그런 역할을 하기에 수필이 가장 적절하다는 생각에서다.

오늘 밤은 옷깃을 여미고 기도한 후에 잠자리에 들어야겠다. 그런 돼지꿈을 꾸기 위해서.

내일의 태양은 좀 다르게 보여야 한다. 희망과 사랑으로 모든 이의 가슴속을 따뜻하게 해 주면 좋겠다.

2019년 새해 아침에.

없어봐야

「있을 때 잘해」라는 대중가요가 있었다. 노랫말이 마음에 와닿는 사람이 많아서 그랬는지 어쨌는지 꽤 인기가 있었다. 게다가 그 노래를 부른 가수가 사랑하는 아내를 잃어서 그 노래가 바로 자기 노래가 되어버려 더 인기를 모으기도 했다. 그 아내가 인기 배우 김자옥이어서 더 화제가 되고 관심이 높았던 것도 사실이다. 우리는 매사에 사람이나 물건이나 옆에 있을 때는 소중함을 모르고 막 대하다 보니 막말도 하고 사용하는데 주의를 기울이지 않는 경우가 많다. 무의식의 폭행을 하는 일이 비일비재한 편이다.

날씨가 더운 것도 정도가 있는데 연일 좀 너무하다 싶을 정도로 찌는 수준이니 괜히 짜증이 나고 신경이 날카로워지는 요즘이다. 초봄에 홀연히 작별을 고한 김치냉장고를 새로 바꾸지 않고 가을 김장할 때 모셔 들이기로 하고 불편을 감수하며 지내왔다. 더워지니 음식물들을 냉장고에 넣을 것이 많아지자 딸이 갑자기 신형 김치냉장고를 사들였다. 더위에 창들을 떼어 내고 사다리차를 걸어 설치를 끝낸 것이 사나흘 전이다. 냉장고가 들어오느라 자리바꿈을 하고 어수선한 김에 이것저것 좀 치웠더니 빨랫거리가 많아졌다. 땀에 젖은 옷가지들을 가득 넣고 스위치를 누르니 번쩍하더니 표시등이 꺼지고 아무리 다시 켜도 꼼짝을 않는다. AS 직원이 와 보더니 사람으로 치면 뇌에 해당하는 부분이 기능이 다해서 수선 불가능 상태라는 설명이다. 수명이 다해 돌아가신 것이다.

멀쩡하더니 김치냉장고가 부러워졌나 왜 이 6월 염천에 파업이람 파업이, 그동안 얼마나 수고해 주었나 하는 것보다 원망이 앞섬은 주인의 오만이다. 새로 살 수밖에 없이 되었으나 한여름이라 배달이 언제 될지 모른단다. 연거푸 가전제품을 사야 하니 돈 걱정만 앞섰는데 배달이 늦다니 이 무슨 소린가? 에어컨 설치가 많아서 상대적으로 값이 싼 세탁기가 뒤로 밀린다는 것이다. 직접 지고 올 수도 없는 일이니 기다릴 수밖에 뾰족한 묘수가 없다. 옷이야 얼마든지 바꿔 입을 게 많지만, 자꾸 쌓이는 빨래에서 쉰내가 날까 걱정이다. 겨우 하루를 버티고 빨래를 시작했다. 동네 빨래방을 찾아볼까, 가까이에 사는 시누이 집으로 짊어지고 갈까, 갖은 궁리를 다 하다가 언제부터 세탁기를 썼더냐, 다 손으로 빨아 입고 살았으면서 그깟 며칠을 못 견뎌 야단이냐, 하는 말들이 머리를 쥐어박는 것 같아 빨래에 우선 물부터 부었다. 그냥 두는 것보다 물에 담그면 냄새는 안 나고 곰팡이가 슬 염려도 없으니 일단 담가 놓고 힘에 닿는 대로 빨기로 한 것이다.

우선 빨랫줄의 용량만큼만 빨기로 하고 급한 것부터 골라가며 빨았다. 수건은 무거워 짜기 힘들어 뒤로 미루고 새 수건을 꺼내 쓰기로 했다. 여름이라 물을 뒤집어쓴들 무슨 대수랴 싶어 목욕탕에 의자를 깔고 앉아 편한 자세로 빨래를 시작했다. 대야에 가득 물을 부어 헹궈도 비눗물이 쉽게 가시지 않는다. 갓 시집와서 빨래하는데 시어머님이 등 뒤에서 하시던 말씀이 생각났다. "대강 헹궈라 날 샌다. 비눗물은 서울 가신 오빠가 돌아올 때까지 헹궈도 뿌옇다고 했느니라." 잔뜩 긴장해서 서툰 솜씨로 열심히 빨고 있는 며느리에게 교육 겸 격려의 뜻으로 하신 말씀이다. 그래 정말 한이 없다.

전주천의 맑은 물에 휘휘 저어 대면 흐르는 물에 말갛게 빨려지던 여고 시절이 생각난다. 가사도우미 순이 언니를 따라나선 여름방학 중의 어느 날 풍경은 아름다운 한 장의 그림이다. 미소까지도 담아내던 명경 같은 물에 머리부터 감고 언니를 도와 빨래를 하겠다고 덤비는 내게 걸리적거린다고 저리 비키라더니, 하고 싶으면 헹구기나 하라며 돌에 대고 힘 있게 비벼 댄 빨랫거리들을 옆으로 던져 주었다. 흐르는 물속에서 주물러 가며 휘휘 저어 주면 되는 일이니 누워서 떡 먹기였다. 신나게 헹궈서 자갈밭에 올려놓고 내가 왜 빨래를 못할까 보냐는 표정으로 으스대는데 칭찬 대신 날아온 건 끌끌 혀를 차는 소리였다. 이렇게 짜 가지고는 내일까지 말려도 다 못 말린다는 탄식조의 비아냥이었다. 언니 손에 야무지게 짜여진 후 자갈밭에 펼쳐 널려진 빨랫감들이 마르는 동안 저만치 걸어 놓은 드럼통에서는 빨래가 삶아지고 언니는 그제야 얼굴도 씻고 머리도 감는다. 오자마자 삶을 것들을 미리 빨아 맡기느라 얼굴에 물 묻힐 새도 없이 서두른 것이다.

빨래 가져가라고 소리를 지르면 뛰어가서 빨래를 받아다가 헹궈 널고 싸 온 도시락을 꺼내 천변의 오찬을 즐긴다. 밑반찬들에다가 계란말이, 전, 장조림 같은 것들이 곁들여진 맛있는 도시락이었다. 올케 언니가 몸이 약해서 빨래터에는 못 오지만 빨래하는 날은 애쓴다고 반찬을 신경 써 마련해 주고 그날은 모든 집안일에서 가사도우미 언니를 해방시켜 주는 아량을 베풀었다. 전주천으로 빨래하러 나오는 날은 큰 이불 빨래 같은 것들을 하는 날이어서 일감이 많다. 아버지를 위해 받치며 살아온 어머니는 빨래터 같은 곳에 나오지 않는 것이 너무도 당연했고 내가 따라나서는 것에 대해서도 매우 못마땅해했다. 공부나 할 것이지 다 큰 애가 무슨 개울에 빨래하러 갈까 보냐며 매서운 눈길로 걸음을 막았지만 역마 직성 딸을 아주 말리기는 힘들 거라 짐작하고 슬그머니 자리를 비켜 주어 유쾌한 경험을 할 수 있었다.

그날의 경력(?) 덕에 신혼 때 시어머니 따라 진관사 계곡으로 빨래하러 갔을 때 꽤 솜씨 있게 빨래를 거들어 제법이라는 찬사를 들을 수 있었다. 작은 대야 속의 빨래가 여러 번 헹궈도 말갛게 되기 힘드니 슬슬 짜증이 나며 전주천과 진관사 맑은 물이 눈앞을 어지럽힌다. 시원하게 흐르는 물소리와 얼굴이 디리 비치던 맑은 물이 그리워 멍하니 앉아 있다. 물이 질질 흐를 정도로밖에 짜지지 않는 빨랫감들 위로 순이 언니가 생각난다. 아마 지금쯤 하늘에서 내려다보며 웃고 있을지 모르겠다. 하기야 100세 시대이니 90 노인으로 잘 살고 있을지도 모를 일이다. 소식 끊긴 지 한 20년 되었으니 참 미안한 일이다. 시큰거리는 손목을 달래가며 빨래를 쥐어짜면서 언니에게 무심했던 반성문을 써 내려간다.

어려서 우리 집에 와서 나 태어나는 것부터 다 보고 살아온 여인이다. 엄마가 좋은 신랑 찾아 시집 잘 보내서 첫 딸을 낳고 깨를 볶고 살다가 6·25에 남편이 납북되고 다시 우리 집으로 와서 어머니와 두 생과부가 같이 살았다. 역시 납북된 아버지를 그리며 어머니가 발치에 밥멍덕을 놓고 사는 동안 그 언니도 밥사발을 안고 살았는지도 모를 일이다. 유행가를 가수 빰치게 잘 부르던 그 언니는 그 끼를 어떻게 잠재우며 살았는지 자라서야 가엾은 줄 알았다. 사주쟁이 말 때문에 엄마가 강요하여 서른을 넘기고서야 재혼하여 두 남매를 두고 그런대로 살아갔다.

언니와 해후하는 동안 물은 철철 넘치고 빨랫감은 어서 나를 짜라고 재촉하는 듯하다. 한 이틀 빨래를 하노라니 세탁기가 그동안 얼마나 고마웠는지 비로소 실감한다. 지난번 김치냉장고는 봄에 파업을 해서 별로 불편하지 않았다. 김장김치래야 한 통 남았으니 일반 냉장고에 옮기고 좀 비좁게 지내면 되어서 별 불편이 없었다. 어차피 음식 먹는 양이 많지 않아 옛날처럼 갖은 종류의 김치가 필요치도 않아서 더욱 그랬다. 그런데 이번 세탁기의 파업, 아니 작별은 보통 일이 아니다.

없어 봐야 진가를 안다더니 정말 그렇다. 있을 때 고마운 줄 알았더라면 얼마나 좋았겠는가 하는 말은 사람을 보냈을 때만큼 절실할 수야 없지만 고마움을 모르고 살았던 교만에 대해 속 깊이 뉘

우친다. 세상만사가 똑같을진대 무엇이나 가진 것에 대한 감사에는 인색하고 없는 것에 대한 아쉬움만 가득한 것이 얼마나 우스꽝스러운 일인가 실감하며 그러지 않겠노라 다짐하지만 역시 작심삼일일 것 뻔한 노릇이다. 사람이니까.

아버지의 일대기를 수필 형식으로

– 『신원확인』을 중심으로

1. 들어가는 말

수필의 영역이 자꾸 넓어 가는 추세이다.

이에 이유식 선생님께서 가계수필이라는 새 영역을 소개하심에 따라 필자의 졸저 『신원확인』을 집필하던 과정의 여러 경험을 글벗들과 공유하면서 이해를 넓혀 가고자 한다.

2. 수필의 형식을 빌려

아버지의 일대기를 대신 쓰면서 수필의 형식을 빌리기로 했다. 소설로 쓸까 생각해 보기도 했으나 내가 가장 잘 쓸 자신이 있는 것이 수필의 형식이라는 결론에 도달해서 결단하고 시작했다.

3. 책 표지에 수필집이라 표시

수필로 쓰기는 했지만, 아버지의 일대기인데 수필집이라는 말이 가당한 것인가? 고민하게 되었다. 책 표지에 수필집이라 하는 것은 좀 어울리지 않는다는 생각 때문이었다. 그러나 이야기 하나하나를 수필로 쓰려 노력했으니 수필집이 부당한 것은 아니라는 생각이 용기를 주어 수필집으로 표시했다.

4. 할 일을 했다는 흐뭇함

할 일을 했다는 흐뭇함과 아버지에 대한 그리움과 아픔이 좀 치유된 것 같은 기분이었다. 자료들을 곁들였으니 역사를 남겼다는 보람으로 한이 좀 삭는 것 같은 카타르시스를 느낄 수 있었다.

5. 맺는말

소설이 아니어도 가족의 일대기를 수필로 쓸 수 있다. 선대, 아주 윗대의 어른들 이야기도 글감으로 삼을 수 있다고 본다.

짧은 토론이고 주 발표자의 원고에 대한 토론이 아니라 주제에 대한 광범위한 접근의 방법으로 하는 토론이라 체험을 중심으로 간략히 소개하였다. 가계수필이라는 개념의 영역은 매우 넓게 펼칠 수 있으리라고 본다.

엄마

엄마가 자꾸 꿈에 보인다. 내게 갈 날이 가깝다고 준비시키시는 건가? 나이가 들어가면서 일을 줄여야 하는 게 상식인데 오히려 반대로 가고 있는 것 같아 나도 걱정 중이다. 하늘에서 내려다보던 엄마가 아무래도 안 되겠다 싶어 직접 경고를 보내려고 꿈에 자꾸 찾아오시나 보다. 마음에 있으면 꿈을 꾼다고 하는데 엄마가 많이 보고 싶은 모양이다.

이 세상에서 제일 좋은 사람이 누구냐고 물으면 만에 만 사람 모두 한결같이 엄마를 꼽을 것이다. 그 엄마가 고생을 많이 했거나 슬프게 살았다면 자식들 마음에 더 깊이 각인된다. 우리 세대의 어머니들은 거의 이런 어머니였다. 가난해서 아이들을 기르느라 희생이 컸고 제대로 먹고 입지 못하면서 그것을 아껴 자식들을 키워낸 분들이다. 그러다 보니 자식들 마음에 어머니는 가엾은 분으로 새겨져 있다. 부유한 환경이라 할지라도 대부분의 여인들이 여자이기에 겪어야 하는 한의 세월을 산 분이 많다 보니 그 역시 자식들에게는 어머니란 일단 가슴 찡한 분들이었다.

먹고살 만해진 요즘에야 어머니가 그런 가엾은 존재가 이미 아닌 경우가 많다. 예전에 비해 많은 자식들이 자기 어머니는 괜찮은 삶을 살고 자신의 성취도 이뤄내며 자기 자신을 위해 살았다고 생각하는 경우도 많아졌으리라 여겨진다. 우리 시대 자식들도 세상에서 제일 좋은 사람이 엄마라고 생각할까? 객쩍은 생각 같지만, 고개가 갸웃거려지는 질문이 아닐 수 없다. 우선 내 아이들이 어떻게 생각할지에 생각이 미치자 자신이 없어진다. 막상 지금 내가 세상을 떠난다면 슬퍼하겠지만 두고두고 애틋한 마음으로 제일 좋은 사람으로 생각해 줄지 모를 일이다. 이제 일을 좀 줄이고 아이들이 좋은 엄마로 기억하게 집에 좀 많이 있어야 할 것 같다.

엄마는 생각만 해도 가슴이 시리다. 6·25전쟁 때 아버지가 납북당한 후 19년을 하루같이 밥멍덕을 발치에 묻고 잠 못 이루던 모습만 기억되어서이다. 내가 자라면서는 딸의 하교 시간이면 대문 열리는 소리에 귀를 세우고 대학 시절에는 시간표를 외우고 귀가 시간을 재며 기다리던 엄마였다. 자신의 기대에 못 미친 딸을 보면서 서운함조차 애써 감추고 지내던 엄마는 환갑도 못 넘기고 일찍 이승을 버렸다. 하늘에 가서도 크게 성공하지 못하고 힘겹게 사는 딸이 줄곧 안타까웠을 것이다.

나이가 들어서도 계속 일을 달고 사는 분주한 딸이 걱정스러워 이제는 작심하고 데려가고 싶어졌나 보다는 생각을 하고 있는 요며칠이다. 예수님을 믿노라는 사람이 이 무슨 망령된 생각인지 모르겠다. 데려가고 아니고는 엄마가 아닌 하나님의 소관인데 이 무슨 망발이란 말인가? 아무튼, 도대체 언제까지 이렇게 분주하게 살 것인지 한 번 진지하게 생각해 볼 일이다. 일을 좀 줄이려고 한 가지를 애써서 줄여 놓으면 두 가지 세 가지가 생긴다. 모두가 우유부단한 성격 때문에 거절하지 못해서 생기는 일들이다. 내가 꼭 필요하다고 하는 그 말에 응낙해 놓고는 번번이 돌아오는 길에 화주책에 이름 쓰고 온 심봉사의 푸념을 똑같이 되뇌는 어리석음이 밉고 싫다. 나 아니어도 그 일을 할 사람들이 얼마나 많은데 공연히 마음 약해서 거절 못 하고 맡아 놓고는 실속 없이 바쁘게 지낸다.

동창 모임에도 제대로 못 나가며 회의 때문이라는 변명에 친구들이 너는 언제 늙으려느냐는 핀잔을 퍼부은 지도 꽤 오래전 얘기다. 기운도 좋다는 덕담 아닌 덕담을 들은 세월도 꽤 길다. 그래 언제쯤 늙으려나, 곱게 늙어야 한다는데 지금 험하게 늙어가고 있는 것은 아닌지 걱정스럽다.

학교 강의와 글 쓰는 일만 남기고 과감하게 줄이려는 계획을 한두 번 세운 것이 아니다. 단체 일도 문학 관련 일만 전념하기로 했다. 그것은 마치 호흡 같은 일이어서 줄일 수 없다는 생각이다. 생각과 행동을 일치하게 할 수 있는 사람은 얼마나 대단한 사람일까? 좀 전에 써 주고 온 임원 승낙서의 잉크도 마르기 전인데 또 후회하고 있다. 이러니 걱정되어 엄마가 꿈에 자꾸 보이는 것 같다. 이제 일도 줄이고 정리할 때임을 깨우치게 하려는 엄마의 충정임을 알게 함이 고마운 일이다. 그래 정리할 때이다. 창밖의 낙엽이 우수수 떨어지며 소근댄다. 이제 먼 길을 준비할 때가 가까워지고 있다고.

2016. 10. 21.

3

더 못 써서 안달

죄목

이 세상에 영원한 것은 아무것도 없다. 생물이건 무생물이건 예외가 없다. 물건이나 사람만 그런 것이 아니라 생각이나 서로의 관계 또한 예외일 수 없다. 어제의 친구가 어느 날 보면 이상하게 소원한 사이로 변해 있는가 하면 공을 들여 손에 넣은 애장품이 세월이 지나면 애물단지로 전락해 있는 경우가 허다하다. 그렇게 된 데는 그래도 나름대로의 이유가 있을 수 있겠으나 요즘은 물건들이 너무 쉽게 새로운 것이 쏟아져 나오다 보니 아무 이유 없이 그저 멀쩡한데도 단지 오래되었다는 이유만으로 홀대 받는 경우가 많아졌다.

갑자기 이사를 하게 되었다. 집을 팔고 싶은 생각을 한 지는 10년이 넘어가지만 가격 형성이 안 돼서 지지부진하고 있다가 몇 달 전부터 상식 이하의 값으로 내놓았더니 20일 만에 들어올 수 있다면 사겠다는 사람이 생겨서 무조건 계약부터 하고 갈 집을 구했다. 14년 만에 하는 이사인데 짐을 제대로 꾸릴 사이도 없이 이사를 하게 되니 난감한 일이 한두 가지가 아니었다. 더구나 넓은 연립에 살다가 좁은 아파트로 옮기게 되었으니 짐을 절반은 줄여야 하는데 시간이 없으니 여간 난감한 일이 아니었다.

아이들은 다 버리라고 아우성이고 선별할 시간이 물리적으로 부족한 데다 어디서부터 손을 대야 할지 엄두도 나지 않는 상황에서 일은 진행되고 이사 날은 닥쳐왔다. 대충 버릴 것과 옮길 것을 구분해서 무더기 지어 놓고 짐을 나르기 시작했다. 그러다 보니 돈은 포장이사 값을 치렀으나 시간이 부족해 새집에 그저 짐을 옮기기 바빠 빈 공간에다 무조건 집어넣기만 하고 그들은 가버렸다. 밤 11시가 되었으니 더 이상 붙들 수도 없는 일이었다.

복잡한 일들이야 말해봐야 머리만 아프니 접어두기로 한다. 이삿짐 싸는 20일과 이사한 후 정리하는 한 달여 동안 엄청난 물건들이 곁을 떠나갔는데 그들의 퇴출 죄목은 단 한 가지였다. 우리 곁에 오래 있었다는 유일한 이유로 그들은 버려지는 운명을 피하지 못했다. 용도가 없어졌거나 쓸모가 없어진 것이 아니라 그들은 여전히 쓸 만하고 멀쩡한 물건들이었다. 없어도 별 지장이 없다는 이유가 하나 더 붙는다 함이 맞을지도 모르겠다. 그것도 그 쓰임새의 판단을 하는 데 있어서 이미 내가 주인공이고 기준점이 아니라는 점이 중요한 발견이었다. 아이들의 시각에서 이것은 엄마에게 아무 필요가 없거나 없어도 지장이 없는 것이었다. 아니 한발 더 나아가 필요 없는 물건을 끼고 있어서 복잡하고 싫다는 것이 더 타당하고 솔직한 이유였다. 아무튼, 그런 것들이 그들이 버려질 죄목이었고 가차 없이 내침을 받았다. 그들을 곁에 가져다 둔 주인공 엄마는 그 일에 완전한 주변인이라는 게 서글프다면 서글픈 일이었지만 아이들은 전혀 아랑곳하거나 연민의 정 같은 것은 아예 없다.

그래 버려, 자식에게 맞춰야 해, 내 시대는 지났어, 이제 내가 아이들을 데리고 사는 것이 아니라 아이들이 나를 데리고 사는 거니까 감수해야 해, 머리로는 수긍이 가고 입으로는 주문을 외면서도 손은 자꾸 들었다 놓았다 하고 짐은 얼른 줄어들지 않았다. 그래 버리는데 이건 누구 주려고 한다고 말하면 말이 채 끝나기도 전에 그런 것 주면 요즘은 욕만 먹으니 그냥 버리라고 아우성이다.

행사 때 받은 가방류나 소품 같은 것 하다못해 시장바구니 하나도 쓰던 것을 계속 쓰느라 내 것은 거의 낡았는데 누구를 주려면 새것이어야 해, 또는 헌것이 있어야 새것이 있지 새것을 보는 대로 다 써 버리는 것은 아주 나쁜 여자의 표본이라고 가르치신 외할머니의 교육 덕에 상자 속에 잘 보관되어 새 주인을 기다리던 여러 소품들이 하루아침에 쓰레기봉투에 담겨 버려졌다. 환경운동, 재활용, 공해 운운하던 평소의 지론쯤은 이미 유물 창고에 갇혀 버렸다.

저들의 퇴출 죄목이 어느 날 바로 나의 퇴출 죄목이 되어 거추장스러운 존재가 되면 어떡하나 하는 생각이 들어 등골이 서늘해진다. 아아 너무 과로해서 이상해졌나보다 설마 그럴 리야, 애써 고개를 흔들어 보지만 마음은 자꾸 늪 속으로 빠져드는 것 같기만 하다. 애꿎은 하나님만 부르며 알량한 신앙심이라는데 핑계를 대며 애써 태연한 척 마음을 붙든다. 무심한 석양만 황홀하게 창문에 드리운다.

2019. 3. 27.

나 데리러 왔어

남편이 꿈에 와서 콘도에 데리고 갔다. 아마 내가 보고 싶어 데려가려나 보다

남편과 함께 콘도에 도착해서 짐을 풀고 음식을 만들다 깼다. 꿈이다. 너무나 자연스럽고 선명해서 눈을 감았다 떠 본다. 주위를 둘러봐도 그는 없다. 정말 꿈이다. 그렇게 보고 싶어도 야속하게 찾아오는 일 없더니 웬일로 이렇게 홀연히 왔는지 모르겠다. 그것도 흔연스럽게 꼭 생시처럼 그렇게. 아마도 이제 좀 심심해져서 나를 데리러 왔나 보다. 이전에 몇 번 보일 때는 확실하지 않고 어슴푸레하니 불확실하게 보였는데 오늘은 전혀 그렇지 않고 생시와 똑같은 모습이다. 마음에 있으면 꿈에 있다는 옛말이 생각난다. 그가 온 것이 아니라 내가 몹시도 남편이 보고 싶은가 보다. 가슴속에서 청승기가 사라져서 생시처럼 보인 것 같기도 하다.

부부란 정녕 무엇일까? 이 세상에서 가장 가까운 사이로 살아가면서도 어떨 때는 세상에 없는 원수라도 된 양 아웅다웅하면서 사는 경우가 더 많을 수 있다. 「있을 때 잘해」라는 유행가를 들으면서도 그건 그저 노래거니 했을 뿐 가슴에 와닿지 않았다. 아마 나는 잘하고 있다는 막연한 자신감이 있어 남의 일을 듣고 있는 정도로 무관심했을 것이다. 당뇨에 고혈압에 문화병을 지니고는 살았지만, 그런대로 잘 관리하고 지내서 안심하고 있다가 홀연히 떠나버린 후에야 그 노랫말이 가슴을 저몄다. 떠난 것 같지 않다거나 금세 들어올 것 같다거나 그런 착각은 전혀 없었다. 이상할 정도로 현실이 똑똑히 눈에 보이고 그는 다시 볼 수 없는 사람이 되었다는 것 또한 또렷이 알고 있었다. 나 자신이 믿어지지 않을 만큼 차분하게 현실을 받아들이며 지극히 정상적이었다.

눈 떠지면 출근길처럼 준비하고 집을 나섰다. 중환자실에 가던 때처럼 차에 오른다. 오전 7시 의사의 회진 시간에 맞추던 그 시간은 아무 곳에도 가기 힘든 시간이다. 어느 사무실도 아직 문을 열지 않아서이다. 단체에 일을 도와주러 가는 것도, 문학사에 가는 것도 모두 다 주책없이 이른 시간이다. 공연히 몇 정거장씩 걸어도 보고 근처 편의점에 들러 컵라면을 사 먹어 보기도 하고 그럭저럭 시간을 보내다 9시가 채 못 되어 사무실에 간다. 주로 단체 사무실 쪽이 발길이 닿는 곳이다. 할 일이 있는 곳이니까. 고정적으로 강의가 있는 이틀을 빼면 한 사흘 정도 그 짓을 하고 다니면 휴일이 된다. 그날은 딸이 있으니 집에 있어도 견딜 만하다.

그렇게 마음잡지 못한 것이 조금씩 나아지더니 2년이 되고부터 많이 달라지면서 걷잡을 수 없던 공허감이 시나브로 사라져 갔다. 2주기 추도예배를 끝내고 상을 차리는데 야릇할 정도로 마음이 편안해지며 평온해졌다. 이 세상에서 나 혼자만 남편을 잃어버린 것처럼 억울하고 허전했던 상실감이 사라졌다. 마치 안개 스러지듯이. 이상한 일이었다 옛 어른들 말처럼 꼭 무엇이 집어다 놓은 듯이 마음이 평안해진 것이다. 3년상이라는 것이 이런 것인가? 머리를 갸웃거리며 상배의 아픔이 3년을 지나야 아물어 든다는 심리학자들의 말이 생각났다. 그 후로는 더 이상 방황하지 않을 수 있었다. 그러는 동안에도 남편은 찾아오지 않았다. 꿈결에 잠깐 스쳐도 불쌍하게 보이거나 잘 기억나지 않아서 못 본 것이나 마찬가지였다.

6년이 돼 가는 요즈음에는 사진을 보고 스스럼없이 말을 걸고 때로는 수다를 떨면서도 심상할 정도로 둔감해졌는데 그리움이 속으로 타들어 갔었나 보다. 꿈에서 남편 따라 콘도까지 온 걸 보면 말이다. 떠날 날을 예비하는 지혜 없이 일을 벌이며 앞만 보고 달리는 아내가 안쓰럽고 걱정스러워 준비시키려고 왔나 보다. 무던히도 방방곡곡을 돌아다니더니 떠날 준비도 콘도에서 시키는구나 싶어 헛웃음이 절로 난다.

그래, 가자, 갈 수만 있으면 얼마나 좋으냐? 덜 아프고 아직 건강하게 내 발로 돌아다닐 수 있을 때 누구의 부축 없이 천국에 걸어 들어갈 수 있다면 그 아니 대복이랴. 함께하지 못하고 깨고 보니 꿈이었지만 그래도 좋다. 잊지 않고 나를 데리러 왔다. 이 땅을 떠나는 날 미지의 그곳에서 마중해 줄 짝꿍이 있으니 얼마나 든든한가? 힘든 세상에서 외로울까 봐 지켜보아 주는 사람이 있으니 그 또한 크게 다행한 일이 아니더냐? 그래 다음 달쯤 시간을 내어 그 콘도에 가봐야겠다. 그림자라도 찾아질지 누가 알랴.

2016. 6. 6.

서울역 광장

비단 찢는 소리가 귀청을 울린다. 버스에서 내리다가 깜짝 놀라 몸이 움칫하면서 발을 헛디딜 뻔했다. 서울역 광장 쪽에 사람들이 둥그렇게 둘러앉아 있고 웬 여인이 그쪽으로 걸어가면서 지르는 괴성이었다. 손에는 소주병이 들려 있고 무어라는지 알아들을 수 없는 소리를 커다랗게 지껄이면서 여인이 합류하는데 남녀 혼성으로 참담한 욕설이 난무한다. 호기심이 발동했지만 가까이 갈 수 없을 뿐만 아니라 쳐다볼 수도 없었다. 왜 보느냐고 덤벼들까 겁나서이다. 연전에 프레스 센터 앞 지하도를 지나다가 조용히 책을 읽고 있는 노숙자를 잠깐 쳐다보다가 그냥 가지 보긴 뭘 보느냐는 낮은 목소리의 경고음에 오금이 붙을 뻔했던 기억이 되살아나서이다.

이 첫새벽에 저들은 지금 무얼 하고 있는 것일까? 밤을 새워 술판을 벌였다는 것인가? 아니면 술판을 벌이려고 일찍 기상했단 말인가? 그것도 단체로 말이다. 오갈 데가 없어 밤이슬을 맞으며 자야 하는 처지인데 술을 마시고 싶을까? 그건 술맛을 모르는 속 좁은 아낙의 생각이라고 애주가들이 벌떼처럼 몰아세울 일일 수도 있다. 얼마나 속이 상하면 이 새벽부터 술을 마시겠나? 아니면 추석도 가까운데 집에도 못 가는 처지가 처량해서 모처럼 자기들끼리 잔치를 벌이는 것일지도 모를 일이다.

외환위기 이후 늘어나기 시작한 노숙자 문제는 이제 아예 사회 한 부분의 부스럼 정도로 별 무관심사가 되어 가고 있는 분위기가 아닌가 싶다. 식구들 먹여 살리느라 열심히 사업을 하다가 부도가 나서 하루아침에 빈털터리가 되고, 아니 빚더미에 올라앉아 가장의 역할은커녕 오히려 빚 때문에 가족을 괴롭히는 가해자가 되게 됐을 때 그들은 속절없이 집을 버리고 유랑하게 되기도 했다. 남의 이야기를 함부로 할 수는 없지만 그들의 실수를 가족이 따뜻하게 감싸주었으면 훨씬 많은 수의 노숙자는 가족의 품으로 돌아갈 수 있었을지도 모른다. 어찌 보면 우리는 가장이라는 사람에게 가족의 모든 것을 책임지는 너무 무거운 짐을 맡기는 관습으로 살아온 것 같다.

여성이 경제활동을 하기 매우 어려운 여건 속에서 남성이 홀로 가족의 생계를 떠맡는 것은 어쩌면 당연한 일이었다. 무슨 정책을 논하고자 함이 아니라 처연한 생각에 발걸음이 무거웠다. 저들의 아까운 인생을 어찌하면 구할 수 있을까? 옛말에 가난 구제는 나라도 못 한다 했지만 이제 국민소득 3만 불 시대를 바라본다면서 저런 사람들의 처지를 방관할 수밖에 없다면 우리의 부끄러운 민낯이라는 생각에 얼굴이 붉어진다.

가족이 열심히 찾아서 집에다 모셔다 놓아도 방랑벽이 생겨서

도로 나가 노숙하는 경우도 있다고 듣긴 했지만 그런 일탈자야 몇이나 되랴. 가고 싶으나 받아주지 않아 떠도는 사람들이 대부분일 테니 우리 공동의 문제라 할 수 있다. 문학상 행사에 참석하려고 KTX에 몸을 실으며 기차 왕복요금이면 노숙자 한 사람의 며칠 식비가 될까에 생각이 미치자 공연히 큰 잘못이라도 한 것 같아 자꾸 마음 한구석이 켕긴다. 누구에게 이러쿵저러쿵할 것이 아니라 너 자신이 저들을 위해 무슨 일을 한 적 있느냐는 힐책이 밀고 올라와 앉은 자리가 편치 않다.

서울역의 환경이 지저분해서 서울의 이미지가 나쁘다는 시각에서만 서울역의 노숙자 문제를 생각해 왔던 이기적인 입장이 부끄러워지며 서울역 근처에서 노숙자들의 쉼터 제공과 목욕시설 이용을 위해 교회를 개척하고 봉사 중인 나사로교회의 김 목사님의 사역에 작은 힘이라도 보태지 못한 것이 못내 후회되는 새벽이다. 가족들이 저들의 행방을 찾느라 애타는 경우도 많지 않을까? 사람을 기다리는 것이 죽기보다 힘든 일인데 그런 고통을 가족에게 주고 있다면 그건 죄 중에 큰 죄다. 자신의 마음만 생각하고 가족에게 그런 모진 고문을 계속하고 있는 사람들은 없었으면 좋겠다. 서울역은 새로 지어 최신 시설이지만 그 뒤에 드리워진 그림자는 너무 어둡다.

좀 전에 새벽 공기를 가르던 여인의 괴성도, 거친 음성의 육두문자도, 바닥에 둘러앉은 술판도 흘러간 영화의 한 장면이었으면 좋겠다.

2018. 1.

더 못 써서 안달

항상 쓰고 나서 후회가 따르는 게 돈이다. 안 사도 될 것을 샀다거나 너무 비싼 것을 샀다거나 후회의 종류는 다양하지만 안 해도 될 지출을 하고 난 후의 반성문을 평생 쓰고 또 쓰면서 산다. 오늘은 돈을 더 못 써서 안달이 난 이상한 날이다.

손자에게 데이트를 하자고 신청을 했더니 흔쾌히 응해 주었다. 시간을 맞추기가 힘들 것 같아 아예 오늘 시간이 있느냐니까 약속이 없단다. 쇠뿔은 단김에 빼다지 않던가? 당장 오후로 시간을 정하고 아이를 만났다. 백화점에 들어가 구두를 사 주었다. 자세히 보고 마음껏 고르라 했건만 단김에 휘익 둘러보더니 얼른 하나를 골랐다. 엷은 밤색의 세련돼 보이는 편한 디자인이었다. 사이즈 맞는 것으로 가져온 직원에게 좋긴 한데 더러움을 빨리 타겠다고 했더니 요즘 젊은이들은 그런 것 안 따진단다. 어른들만 거무틱틱한 것 고르지 젊은이들은 안 그런다며 웃는다. 우선 보기 좋아야 한다는 것이다.

그래 우리 자식들이야 어려운 시대를 막 벗어난 부모들 밑에서 자라느라 아주 풍족한 형편은 아니었기에 옷 한 벌을 사 주면 마치 교복처럼 입고 지냈지만 지금 저 아이 세대는 다르다. 물질의 풍요를 만끽한 환경들이라 우선 보기 좋아야 함이 덕목 중 으뜸일 것이 당연한 지도 모를 일이다. 대학 입학 축하로 옷 한 벌을 사 주려고 명동을 몇 바퀴를 돌며 서너 시간 걸려도 제대로 고르지 못하던 아들을 생각하면서 새삼스레 손자가 대견하고 신통해 보였다. 사 주는 상대가 할미여서 그런지는 몰라도 저 아이는 제 아비 같은 걱정 같은 건 아예 사전에 없다는 듯 구김 없이 선뜻 마음에 드는 것을 척 골라 들고 나선 것이다. 아들은 그때 좀 좋아 보이는 것을 권하면 너무 비싸다, 괜찮다 하면서 결국 내 마음에 차지 않는 아주 조촐한 옷 한 벌을 고집했다. 사 주면서도 섭섭하고 속이 상했던 기억은 아직도 잘 지워지지 않는다. 무엇 하러 비싼 옷을 입느냐는 의젓한 말이 가시처럼 마음 구석을 찔러대고 얄팍한 주머니를 만들어 준 남편이 원망스러워서였다.

지금이라고 주머니가 두둑해진 것은 아니지만 무엇을 더 사 주랴고 손자를 쳐다보면서 자꾸만 무엇인가를 더 사 주지 못해서 안달이 나 있는 자신이 우스꽝스럽다가 이내 처량해지려 한다. 내가 언제 또 네게 이렇게 사 주어 볼 수 있겠느냐는 생각이 괜히 궂날을 시큰하게 한다. 내일을 기약할 수 없는 노년이 언제 나를 멀리 떠나게 할지 모른다는 자각으로 다가오면서 청승기가 발동한 것이다. 늦은 점심을 함께 먹으며 자꾸만 무엇을 더 좀 먹지 않으려느냐고 애를 귀찮게 하고 앉아 있다.

그 구두가 제 부모가 사 주기로 약속한 코트에 잘 어울릴 것 같아 첫눈에 딱 점찍었다는 손자, 세상에서 나 혼자 손자 둔 것 같고 저 애만 대학 합격한 것 같은 이 노파가 손자 바보가 아니고 무엇이랴. 쳐다보기도 아까울 만큼 자랑스럽고 대견해서 입이 자꾸 헤벌쭉해지며 눈을 떼지 못하고 있는데 가시죠, 하면서 일어선다. 생각 같아서는 함께 명동을 걸으며 여기가 어떻고 저기가 어떻고 해가며 시간을 보내다가 저녁도 사 먹이고 또 무엇인가를 사 주고 그랬으면 좋겠는데 친구와 약속을 했다니 놓아줄 수밖에 도리가 없다. 아쉽지만 이쯤에서 손자의 '대입합격 축하 할미잔치'는 막을 내려야 할 것 같다. 손자 덕에 돈을 쓰고도 더 못 써서 안달 나는 희한한 경험을 해 보았으니 효손을 두었음은 분명한 일인 듯하다.

2018. 12. 20.

불안

세상 사는 것이 언제라고 편할 날이 있을까만 갈수록 태산이다. 아침에 눈 뜨기가 두려울 지경이다. 오늘은 또 무슨 꼴을 보며 살게 되려나, 무슨 소리를 듣게 되려나, 하는 막연한 두려움 속에서 잠을 깬다. 묻지 마 살인, 입에 담기 힘든 성범죄, 막말 시비, 정치권의 갖가지 추한 모양새들, 어느 것 하나 편안한 소식이 없다. 하지만 모든 것을 뒤덮고 군림한 공포는 북한의 핵실험 소식이다. 그러나 북한이 핵실험을 했다는 충격적인 소식이 계속 전해지자 그야말로 기막힌 불감증에 심하게 감염되었다.

외국에 사는 친지들이 전화를 해 와 걱정을 하면서 어떻게 돼 가느냐, 어떻게들 지내느냐며 걱정을 하다가 자기들이 멀리서 보기에는 별 동요 없이 지내는 고국의 사람들이 걱정이 되면서도 이상하다는 생각이 든다는 말들을 한다. 마치 약속들이라도 한 듯이 이구동성이다. 듣고 보니 정말 우리가 이상해 보이겠다는 생각이 든다. 우리는 기막히지만 할 수 있는 일이 아무것도 없어 그저 기도만 할 뿐이고 하나님께서 설마 우리를 버리시지 않으리라는 막연한 믿음만 붙들고 있다는 평소의 심경을 토로하는 것으로 국제 전화를 끝낸다.

핵을 만들고 우리를 위협하는 분명한 적을 오히려 두둔하는 듯해 보이는 사람들과 같은 하늘을 이고 살자니 마음고생이 이루 말할 수 없는 사람들이 수두룩한 속에서 나도 동감이라고 고개를 주억거리며 그냥 하루하루 살아간다. 뾰족한 다른 묘수가 없어서이다. 오늘은 아버지의 집에 가는 날이다. 67년 만에 그분들이 영원히 쉬실 집이 완성되어 정식으로 문을 여는 날이다.

'6·25전쟁 납북자기념관', 이것이 우리 아버지의 새집이다. 1950년 9월 4일 북의 내무서원인가 하는 사람의 손에, 포승줄에 묶여 집을 떠나신 후 그림자는커녕 일자 소식조차 들을 수 없었던 아버지의 이름 석 자가 기록되어 보관된다는 그 집, 설움의 그 집의 문을 연다기에 허위단심 달려갈 날이다, 오늘이. 그런데 눈을 떴더니 북이 워싱턴, 아니 미국 전역을 사정권 안에 둔 핵미사일을 발사 성공시켰다는 소식이 선물로 날아왔다. 오늘 새벽 3시 몇 분이란다. 1950년 6월 25일, 그들이 일을 저지른 시간은 새벽 4시였다. 38선을 넘어 동족의 가슴에 총을 겨눈 그 시간이.

전쟁이 난 지 70년이 다 되어서야 정부가 전쟁 중 납북된 민간인들에 대한 진상을 조사 정리하고 그 만행을 역사에 길이 남기고자 건립한 기념관이 개관하는 날 하필 엄청난 핵실험을 감행하다니 우연이겠지만 더욱 마음을 착잡하게 한다. 임진강가 이곳은 그분들이 북으로 끌려간 2개 납북 경로 중 한 곳이다.

기념관 벽에 납북자의 이름이 빼곡하게 가나다순으로 씌어 있다. (신고자 4,000여 명) 기억의, 추모의 벽이다. '오해건' 꿈에도 잊을 수 없는 아버지의 함자를 망막에 넣고 돌아섰다. 사람에 밀려 절을 제대로 할 수도 없는 상황이다. 밖으로 나오니 기념 상징 구조물이 서 있다. 한쪽이 좀 위로 올라간 'ㄷ'자 모양의 철 구조물 위에 포승줄에 묶여 북으로 끌려가는 모습을 조각해 놓았다. 그 방향은 북쪽을 향했다. 그 아래로는 돌아오는 귀향의 발길을 남쪽으로 향하게 새겨 놓았다. 새삼스레 심장이 바늘에 찔리는 것 같아 차마 더 쳐다보기가 힘들다. 지난번 성묫길에 종이컵에 담아 온 엄마 묘소 흙 한 줌을 그 상징물 앞 잔디 위에 얹고 돌아섰다. 이제 내 할 일은 다 했다. 더 이상은 아무것도 할 수 있는 일이 없다. 이곳이나마 이렇게 평화롭게 후세 사람들에게 폭력을, 전쟁을, 만행을, 설명해 주고 서 있어 주면 된다. 그것으로 분을 삭이는 수밖에 없다. 그나마 잘 이루어지지 않을까 싶은 불안감에 모골이 송연해진다.

전쟁의 트라우마라고, 꼴통들의 쓸데없는 걱정이라고 쥐어박는 철없는 사람들의 헤픈 이야기가 제발 미래에 현실화되기만 빌 뿐이다. 우리의 트라우마에 근거한 불안감이 생산해 내는 불행한 상상이 실제 상황으로 찾아오는 일은 정말 사절이다. 그래서 우리는 불안하고 또 불안한 것이다. 차마 걸음이 떼어지지 않아 다시 실내로 들어섰다. 여기저기서 아버지를 부르는 목멘 소리들로 장내는 처연하다. 이 불효는 그 입조차 떼지 못하고 명연자실 서 있을 뿐이다. 묶인 손에 미음 사발을 억지로 끼어 넣으려 안간힘을 쓰다 포승줄을 붙들고 오열하던 어머니의 가녀린 등이 어른거려 자꾸 넘어지려 한다.

가까스로 몸을 가누고 밖으로 나오니 임진각 평화누리에 해넘이가 시작이다. 서울로 가는 길의 강물에 어우러진 해넘이가 장관이겠다. 오늘의 금물살은 아마도 핏빛으로 넘실대겠지.

2017. 11. 28.

문학관에서 만난 감격

자유 너 영원한 활화산이여!

우리는 이 구절만 들어도 가슴이 떨린다. 그 떨리는 글귀를 여기서 만나다니 그것도 그 비석 그 모양대로 탁본된 상태로 만나다니 실로 감격이다. 영양 주실마을 조지훈 문학관 뜰에서 만난 그 귀물은 눈가를 적셔 준다. 그냥 시만 옮겨 적어 세우지 않고 그대로 탁본하여 세운 배려에 큰절을 하고 싶은 심경이다.

1960년 4월 18일 바로 그 탑에 새겨진 용감한 동지들 뒤를 따라 국회의사당 앞에 퍼질러 앉아 목 터져라, 구호를 외치던 홍안의 대학 신입생이 머리에 서리를 이고 지금 이 탁본의 글귀 앞에 서서 57년 전을 회상하는 아낙이니 만감이 교차한다.

대학 신입생, 세상 무서울 것 없던 천둥벌거숭이들은 그날 화창한 날씨의 봄 햇살을 받으며 안암동에서 태평로 국회의사당까지 거침없이 무리 지어 쏟아져 나갔다. 이 나라의 민주주의를 지키고 정의를 살리겠다는 일념으로 앞뒤 가릴 새 없이 선배들이 나가자는 것만 좋아서 목이 터져라, 자유를 외치며 불의는 물러가라고 고함치며 걸었다.

우리는 뜻을 이루었고 자유당 정권은 막을 내렸다. 모든 것이 일사천리로 잘 될 것 같았던 것은 허망한 꿈이었고 우리는 그 후로도 험한 굴곡을 겪으며 오늘에 이르렀다. 우리들의 그날 그 희생이 더 이상 계속되지 않고 나라가 발전했으면 얼마나 좋았을까?

역사는 가정법이 없다니 이래저래 할 말은 없지만 요즘 우리나라 형편을 생각해 보면 볼수록 우리가 이런 꼴 보려고 그렇게 목숨을 걸고 나라 걱정을 했나 싶을 정도로 한심할 때가 많다. 우리는 철저히 자유민주주의를 위한 일념이었고 의협심 하나가 원동력이었다.

오늘의 광장민주주의를 보면서 우리를 잘못 보고 배운 것은 아닌지 심히 염려스러울 때가 많아 해 보는 소리다. 국가 안보보다 자기 이익이 먼저인 듯한 사람들의 행태를 보고 있노라면 오히려 그들이 딴 나라 사람이었으면 좋겠다는 엉뚱한 생각까지 하게 될 때가 있다.

나라를 위하는 일이라면 사심이 없어야 한다. 우리는 최소한 그날 우리의 외침이 이루어졌을 때 내게 오는 이익이 무엇일까를 계산해 본 적이 없다. 오늘의 정치인들도 정말 그런 마음이었으면 좋겠다. 그런데 아무래도 그런 것 같지 않아 보일 때가 많아 연민의 정으로 그들을 볼 수밖에 없다. 그것이 오늘의 비극이다.

4월 18일, 1960년 4월 18일, 해가 3번만 바뀌고 나면 그 4·18

이 환갑을 맞는다. 그때쯤이면 이 나라가 안정되어 마음 편히 회갑연을 즐길 수 있을지 모르겠다. 북은 핵을 들고 으르렁대는데 안보에는 둔감해 보이는 사람들에게 운전대를 맡긴 채 그 차를 타고 갈 수밖에 없으니 불안해 눈을 붙일 수가 없다. 우리가 이런 꼴 보려고 그날 그런 쾌거를 단행하지는 않았지 싶은데 왜 이리 앞이 캄캄한지 답답하기 그지없다. 제발 이런 내 근심이 진정 기우이기를 바랄 뿐이다. 현명한 그들을 내 눈이 어두워서 몰라보는 것이면 오히려 기쁘기 한량없겠다.

조지훈 문학관을 돌아 나오면서 선생의 도도한 4·18 기념 시가 귓전을 울려 자꾸만 뒤돌아본다. 4·18이 없었다면 과연 우리 역사에 4·19가 있었을까? 아니 성공했을까? 역사는 원인과 과정이 얼마나 중요한 것인가를 우리 모두 명심했으면 좋겠다. 특히 4·18을 대수롭지 않게 보면서 4·19만을 쳐들며 거들먹거리는 사람들이 있다면 역사의 올바른 인식부터 먼저 하라고 일갈하고 싶은 심정이다. 이것은 자만이나 자화자찬이 아니라 그런 과정을 무시하는 바람에 이 나라 꼴이 이 모양이라는 생각이 들어 애정 어린 충고를 하고 싶어서이다. 광장민주주의는 이제 끝내야 한다.

2017. 10. 16.

백발이 성성해도

세미나 등 각종 행사로 언론회관을 드나들면서 태평로 저 자리에 그날처럼 질펀하게 한번 앉아보고 싶은 마음이 굴뚝같을 때가 많았다. 하지만 앉기는커녕 잠시 서 있을 수도 없는 대로가 아니던가. 자동차가 꼬리를 물고 쉴 새 없이 질주하는 서울의 동맥 같은 길이다. 그런데 오늘은 바로 그 길을 그날처럼 앉아볼 수는 없어도 차도 한쪽이기는 하지만 잠시 교통을 통제해 가며 행진을 하는 날이다. 4·19혁명이 세계 4대혁명으로 등재되기를 촉구하는 시위와 대국민 서명운동에 들어가는 발대식 같은 성격을 띠는 중요한 행사를 벌이는 것이다. 4·19 관련 단체 전 회원이 총결집하여 단체마다 현수막을 만들어 들고 행진을 하는 것이다.

우리는 4·18 고대의 기치를 들고 시청 앞 광장에 모여 행진 시작을 기다리고 있다. 58년 전 그날과 달라진 것은 시청 앞 광장만이 아니라 그곳을 오가는 사람들의 마음이 아닐까 싶다. 주변의 풍경은 다른 곳에 비하면 오히려 옛 모습을 많이 간직하고 있는 곳이다. 프라자호텔이 남쪽을 가로 막고 서 있는 모양새가 영 마땅치 않지만, 그것도 역사적 산물 중 하나가 아니겠는가? 시청이 좀 야릇하게 모양이 바뀌긴 했지만, 그 자리를 지키고 있고 덕수궁이 의연히 자리를 지키고 있으니 큰 틀이 바뀌지 않은 것이다. 언론회관도 건물은 새로 지었지만, 그날 불에 타던 서울 신문사 그 자리에 서 있고 당시 국회의사당이 현재는 서울시 의회 건물로 쓰이고 있으니 비교적 훼손되지 않은 곳인 셈이다.

드디어 독재정권 물러나라는 그때의 구호를 그대로 새긴 현수막을 들고 행진을 시작했다. 덜미를 잡힐 것 같은 긴장감이 없어 좀 싱겁긴 하지만 그때 그 길을 평화롭게 걸어 본다는 것이 가슴 설레게 한다. 백발이 성성해도 마음은 청춘인 우리는 피 끓는 대학 시절을 떠올리며 가슴을 펴고 걷는다. 시발택시 위에 하얀 천을 깔고 그 위에 사람을 실어 늘어진 팔에서 뚝뚝 떨어지는 선혈을 보고 마치 용수철에 튕기듯이 소리를 지르며 일어서던 그날의 홍안 소녀는 백발이었지만 가슴은 여전히 뜨겁다.

내후년이면 환갑 해가 되는 4·19 민주혁명, 그 고귀한 혁명은 오늘의 대한민국을 있게 한 원동력 중의 하나임에 틀림이 없지만, 그날 우리의 혁명정신은 제대로 꽃피워지고 있는 것인가? 평가는 더 후대의 사가에게 맡겨야 할 것 같다. 잘 되고 있다고 생각하고 살았는데 요즘의 여러 세태를 보고 있노라면 우리가 이러라고 목숨 걸고 거리로 뛰쳐나온 건 아니었다는 자괴감이 들 때가 많아서이다. 시도 때도 없이 이어지는 각종 시위를 보면서 그 생각은 더 많이 늙은이의 마음을 괴롭힌다. 그때 일어설 수밖에 없었던 것처럼 절체절명의 사태가 아닌 듯한데 거리로들 몰려나오고 있다는 생각이 편견이었으면 오히려 좋겠다.

광화문 네거리를 지나 세종대왕 동상 앞이 반환점이다. 거기서 오늘의 대회 행사를 하고 삼삼오오 흩어져 목을 축이며 이야기꽃을 피웠다. 걸을 때는 좀 나이가 든 것 같더니 술잔을 앞에 놓고 앉아 보니 입담은 여전히 백발과 상관이 없다. 어느새 그들은 스무 살 청년으로, 나라를 걱정하는 혈기 방장한 대학생으로 돌아가 있다.

그래 아직은 버틸 만하다. 아직은 이 빠진 호랑이는 아니다. 혈기도 여전하고 우국충정은 더 하고 날 선 비판은 더욱 곰삭아져서 감칠맛이 난다고 하면 지나친 자화자찬이 되려나? 아무려나 우리는 아직 젊다. 백발이 성성해도 아직 젊어야 하는 이유가 있어서다. 아직도 나라가 걱정이니까.

2018. 11. 17.

윤동주 100주년

– 영화 동주를 보고

윤동주의 일대기다.

윤동주는 듣기만 해도 가슴 절절해지는 이름이다. 시가 서러워서만도 아니고 삶이 가슴 아파서만도 아니다. 무언지 모를 야릇한 것들이 묘하게 어우러지며 소용돌이처럼 가슴을 밀고 올라오는 그 어떤 것의 정체를 잘 알아내기 힘든 이유는 무엇일까? 어쩌면 이미 다 알고 있어서 잘 모를 것 같다고 하면 지나친 말의 유희가 되려나? 이런 윤동주를 영화로 만들었다니 개봉일부터 빨리 가 보고 싶어 좀이 쑤셨지만, 차일피일 며칠이 지났다. 시와 문학에 방점을 찍었을까, 기막힌 삶에 방점을 찍었을까? 고개를 갸웃거리며 상영관에 자리를 찾아 앉았다.

어린 시절의 동주를 그려나가는 것은 예상했고 들어왔던 이야기들의 전개여서 별로 신선하다는 느낌은 들지 않았다. 문학에 심취해가는 과정도 격한 장면이 없어 그런지 좀 밋밋하다는 생각이 들었다. 나라 잃은 백성의 설움이 면면히

이어지며 가슴을 은근히 저며 오기 시작하더니 점점 목을 조였다. 릿교대학의 양심적 일본인 교수의 등장이 인간미를 느끼게 해서 좋으면서도 일본인의 진짜 얼굴이 무엇인지 머리를 혼란스럽게 했다. 한두 번 느끼는 게 아니지만 일본인들을 개인적으로 대할 때와 일본 국민으로서 대할 때의 천양지차를 어떻게 이해해야 할지 알다가도 모를 일이다.

일본인들의 생체실험 등 만행을 직접적으로 강하게 다루지 않은 것이 못내 아쉽다 못해 왜 그렇게 만들었을까, 괘씸하기까지 한 감정을 억누르며 자리를 떴다. 동주, 이 영화는 만든 사람이 고수이고 보는 내가 수준 이하인가? 그렇다면 다행이다.

연전에 본 영화의 감상을 적어 두었던 것이 생각나서 펼쳐본 것이다. 윤동주의 탄생 100주년이라고 온통 수선스럽지만 진정 그는 지금 우리를 보면서 무슨 생각을 할까? 잘 모르겠지만 자신의 시를 엉뚱하게 오역해서 하늘을 하늘 천(天)이 아니라 빌 공(空)으로 둔갑시킨 일본인의 오역을 아직도 바로 잡지 못하고 있는 우리 후학들에게 서운함으로 가득 차 있는 심정은 아닐는지. 죄송하고 미안하다. '하늘 무서운 줄 알라'고 할 때의 하늘과 빈 공중에 나는 새를 보라 할 때의 하늘이 다름은 삼척동자라도 알 일이건만 일본의 지식인이라는 사람이 '하늘 우러러'를 빌 공으로 쓴 심사는 알고도 남을 일 아닌가? 그래도 일본의 오오무라 마쓰오가 그 잘못을 일생 동안 외치고 있고 그 진상을 은평역사한옥박물관이 특별전을 열어 생신 잔치를 해 드렸으니 조금은 위안이 되셨으면 좋겠다.

낙엽이 다 지기 전에 숭실학교라도 찾아 그 어른의 학적부가 있는 건물을 향해서라도 묵념 한번 하고 와야겠다. 내가 할 수 있는 일은 그것뿐이어서 아쉽다.

2017. 11. 10.

주인 없는 어린이날

우리집엔 현재 어린이가 없다. 곱지 않은 어린이가 돼가는 사람만 있다. 애들 따라 흔들리는 영화를 보았다. 의자가 정신없이 요동치는 상황과 맞물리는 영화라고 표현해야 조금 더 진실에 가까운 표현이 될 것 같다. 어린이 아닌 사람들이 어린이날을 맞아 모처럼 가족 영화 관람이라는 방법으로 자리를 같이한 셈이다. 아이들이 엄마는 안될 것이라며 다른 영화를 보라는 권유를 물리치고 내가 왜 못 보냐며 큰소리치고 따라 들어왔다. 고개를 갸웃거리는 손자 등을 두드리며 할머니 아직 괜찮다고 웃었다. 당황해 하면서도 걱정스럽다는 표정을 감추지 못하는 아이를 따라 자리에 앉았다.

숨을 채 고르기도 전에 의자가 흔들리기 시작하더니 예상을 뒤엎고 요동치기 시작하는 것이 아닌가? 아하 낭패로구나 하는 현실 파악이 되는 순간 솟구치는 듯한 진동에 용수철처럼 튀어 오르는 것 같았다. 일어서 나갈 수도 없고 보통 큰일이 아니다. 정신을 차리자 호랑이에게 열두 번 물려가도 정신만 차리면 산다고 했는데 이까짓 요동쯤 정신력으로 이길 수밖에 없다. 이런 델 들어오다니 늙은이가 미쳤다는 생각을 버리고 영화에 집중하면서 즐기기로 했다. 이왕 호랑이 등에 올려 태워졌다면 목덜미라도 꼭 붙들고 놓치지 않게 붙어 있어야 목적지에 갈 것 아니겠는가? 죽고 살고는 나중 생각할 일이다. 이런 말도 안 되는 배짱을 부려보기로 하고 자세를 고쳐 앉았다. 요동치는 의자에 편안히 몸을 맡기고 함께 흔들리는 동안 영화는 재미를 더해 갔다. 내용이야 황당하기 그지없고 도시가 온통 외계인인지 누군지 모를 사람들만이 난장판을 벌이는, 아무튼 알 수 없고 난해하기만 한 줄거리였지만 그냥 상황만 따라가기로 했더니 그런대로 장면들이 재미를 더해 주기 시작했다.

영화가 끝나고 멀쩡하게 일어서는 할미가 대견하다 못해 믿기지 않는다는 듯 괜찮으냐며 손을 잡는 손자의 등이 오늘 따라 꽤 넓어 보인다. 저 아이가 제 아이를 데리고 어린이날을 즐겁게 보내주겠다며 목마 태우고 나가는 모습을 떠올리며 입가에 미소가 번진다. 이제 열여덟의 아이를 두고 객쩍은 상상을 하는 걸 보니 하릴없이 늙긴 늙었나 보다. 우리 할머니 대박이라며 함박웃음을 웃는 손녀의 삼단 같은 머리가 유난히 부러운 심사는 또 무엇인가?

주인 없는 어린이날에 아직은 덜 귀찮은 예비 어린이(?)가 재롱감이 된 날이 아니었나 모르겠다. 그런 분위기조차 싫지 않으니 마음이 넓어진 건지 맛이 가기 시작한 건지 분간하기 힘들다. 아무러면 어떠랴, 주인 없는 날의 대신 주인이 되어 가족들을 기쁘게 해

주었다면 그것으로 족하다. 이제 또 눈 몇 번 껌벅이고 나면 진짜 주인공이 태어나 있을 테니 그 또한 좋은 일 아닌가? 그 자리를 보기야 힘들겠지만, 그 또한 모를 일이다. 많이 귀찮은 어린이가 되기 전에 생을 마감하고 싶을 뿐이다. 아무려나 어린이날은 여전히 푸르고 희망찬 날이다.

2017. 5.

100주년

100세 시대가 스스럼없이 회자되면서 100년이라는 말이 갖는 의미나 다가오는 느낌이 많이 변했다. 그래도 여전히 아주 긴 세월의 간명한 대명사로 다가오는 데는 아직 큰 변화가 없다. 사람이 100년을 살기가 얼마나 어려우면 예전에는 100세 잔치를 나라가 차려 주며 축하했겠는가? 훌륭한 업적을 남기고 떠난 분들을 기리기 위해 탄생 100주년이라는 기념의식이 치러지는 것도 같은 맥락이라고 본다. 후세 사람들에게 귀중한 자산을 남기고 간 분들은 이 세상에 태어난 그 자체가 바로 기념할 만한 가치가 있다는 공감에서 한마음으로 그 의식을 기꺼이 즐긴다.

윤동주 시인, 그의 이름 자만 들어도 옷깃이 여며짐은 그의 서러운 최후가 민족의 아픔과 궤를 같이 함이요, 그의 짧은 생애의 최후가 말도 안 되는 식민지배국의 만행에서 비롯되었기 때문이다. 서른도 안 된 스물여덟의 꽃다운 나이로 후쿠오카 감옥에서 생체실험의 만행으로 옥사한 것으로 알려진 그의 최후는 어떤 말로도 설명이 불가능하고 변명 또한 사절이다. 광복 후에도 온전히 그를 기리거나 위로하지 못한 것이 부끄럽고 미안해 우리는 올 한 해를 윤동주 탄생 100주년으로 기렸는지도 모르겠다.

그가 다니던 평양의 숭실학교가 광복 후 서울의 은평구 신사동에 옮겨와 자리를 잡은 지도 70년이 넘었다. 그의 학적부를 품고 있는 그 학교의 개교 100주년 기념관에서 윤동주 탄생 100주년 기념 콘서트가 열렸다. 1부는 숭실학교 후배였던 김형석 박사가 98세의 건강한 몸으로 참석해서 숙명여대의 김응교 교수와 문학콘서트 형식으로 대담을 30분 동안 이어갔다. 청년을 보는 것 같은 착각에 빠지게 할 정도로 건강한 노 철학교수 김형석 박사는 70여 년 전 학창 시절을 어제인 듯 되살려내며 윤동주의 그때 모습을 전했다. 평양의 숭실에서의 생활과 교토에서 맞았던 윤동주의 검거 당시의 상황을 선명하게 기억하며 생생히 증언했다.

이어서 시인의 6촌 동생인 윤형주 장로가 자신의 세시봉 식구들과 함께 무대에 올라 세시봉 콘서트를 이어갔다. 윤동주의 무덤을 처음 찾아갔을 때의 감회를 술회하는 부분에서 장내는 숙연해졌다. 죽어서 100년을 살고 있는 시인 윤동주, 이름만 들어도 눈시울이 붉어지는 사뭇 어린 청년으로 우리 곁에 살아 숨 쉬는 영원한 연인, 이렇게 말하는 것조차 죄스러운 그런 거인이다.

위안부 문제로 한일관계는 여전히 흐림을 계속하고 있고 일본은 조금도 양보하지 않겠다고 으름장을 놓는 작태를 이어간다. 그래서 윤동주는 아직도 잠들지 못하고 별을 헤고 있는지도 모른다. 은평에 사는 문인들의 모임인 우리 은평문인협회는 가슴 시린 윤 시인의 탄생 100주년을 차마 그냥 보내기 힘들어 12월 23일 송년시 낭송을 그의 100주년 기념 낭송회로 꾸렸다. 그와 함께 하늘을 우러러도 보고 별도 헤어 보면서 우리들의 진솔한 시들도 읊어 보았다.

그 힘들고 척박한 시절에도 이렇게 곱고 아름다운 시심을 닦을 수 있었던 비결이 궁금할 지경이다. 시인은 죽어서 오히려 생생하게 살아있고 우리는 혼신의 힘을 다해 쓰고 또 쓴다. 쓰노라면 우리 중에 그 누구이든 100년 후에 이런 잔치 받을 사람 나올지 누가 알랴. 꿈도 야무지다고 웃을지 모르지만 그런 꿈도 없이 글을 쓴다면 너무 허무한 일이다.

윤동주 탄생 몇 주년쯤에나 평양의 숭실학교 원래 터에서 그의 탄생기념 문학 잔치를 벌일 수 있으려나. 하루 빨리 그런 통일의 날이 오기만 학수고대하며 숭실학교 100주년 기념관 문을 나선다. 하늘의 별은 보이지 않지만 고단한 서울살이에 지친 가장들을 받아안은 수많은 집들의 창문을 밝히는 서울의 별들이 시야를 덮는다.

2018. 1. 6.

타는 가슴

"아버지, 저 애 좀 혼내 주세요."

"지네 할아버지가 새벽에 쳐들어와서 아버지들 잡아가고 3년을 싸우다가 다시금 긋고 우리들을 오도 가도 못하게 해 놓은 지 70년이 코앞인데 저는 마치 애들 줄넘기 놀이보다도 쉽게 그 경계선 위를 둘이서 건너가고 건너오네요. 그것도 장난기 어린 표정으로, 거기가 어디라고요…."

어제 임진각 평화공원의 6·25전쟁 납북자기념관에서 북쪽 하늘 허공에 대고 속절없이 아버지를 부르며 아버지들의 이름을 불러드리는 것으로 마음을 달래야 했는데 오늘 저들은 저렇게 쉽게 마치 무슨 놀이의 일부인 양 손잡고 선을 넘나들며 웃는다.

1950년 6월 25일, 그날은 일요일이었다. 우리 가족은 정원이 내다보이는 마루에 둘러앉아 아버지의 말씀을 듣고 있었다. 그해 치른 제2대 국회의원 선거일인 5월 30일을 지내고 낙선한 아버지가 고향에서 사후 처리를 하고 계시다가 상경한 지 1주일째 되는 날이었다. 내 백일해 증세가 심상치 않다는 전갈에 그곳 만경강의 빠가사리 말린 것을 손수 짚에 꿰어 들고 열 일 제치고 올라오신 것이다. 그때는 내 백일해가 내 평생의 원수가 될지 꿈에도 상상하지 못했다.

방송은 오늘 새벽 38선에서 약간 일이 있었지만, 지금은 우리 국군이 잘해서 아무 일 없다면서도 국군 장병은 모두 귀대하라고 전하고 있었다. 아버지도 아무 일 없을 거라며 이럴 때일수록 국민들이 질서를 잘 지키고 나라가 하는 말을 잘 들어야 한다고 말씀하셨다. 우리집 현관 밖 큰 대문 안의 마당에는 흰옷 입은 사람들이 등짐을 지고 몰려들었다. 피난 가는 길이라며 어서 빨리 짐을 싸고 떠나라고 성화였다. 그때 의정부 동두천 등의 지명을 처음 들었다. 우리집이 크니까 물을 먹으러 들어온 사람들이었다. 어머니는 밥을 짓게 해서 그들에게 대접하고 그들은 고마우니까 더욱더 우리에게 피난길을 뜨라고 애타게 호소했다.

아버지는 백성들이 저렇게 나라를 못 믿으니 참 정치하기 힘들다며 혀를 끌끌 차셨다. 그날인가, 다음 날인가 우리는 지하 방공호에 라디오만 들고 들어갔고 거기서 이승만 대통령의 대국민 안심 방송을 굳게 믿고 눈을 뜬 6월 28일 새벽 소련 탱크를 서울 거리에서 마주해야 했다. 당시 경무대에서 하는 방송으로 알았던 그 방송의 발신지는 대전의 충남 도지사 관사였음을 훗날 역사에서 들었다.

아버지는 9월 4일 내무서원에게 납치되어 포승줄과 수갑에 얽힌 채 내 눈에 박제로 지금도 살아계신다. 이렇게 어이없이 잡혀가 생사를 모르는 가족들이 그 원수의 6월 28일, 서울 함락 일을 기억의 날로 정하고 모이기를 십수 년이다. 이름하여 6·25전쟁 납북인사 가족협의회. 발등에 불 떨어진 사람만 뜨겁지, 옆에 사람은 그 아픔을 짐작도 못 하는 것이 인생사다. 아버지 빼앗긴 가엾은 우리들끼리 모여 아버지를 합동으로 추모하는 큰 제사상을 차리는 이날 목 놓아 아버지를 불러 보고 꽃 한 송이 사진 앞에 바쳐 드리는 것으로 한풀이의 일부나마 하고 지낸다. 바로 어제 그 짓을 하고 하염없이 울기만 하다가 고장 난 수도꼭지를 애써 잠그고 왔는데 오늘 저 성상을 보려니 기가 막힌다.

평화를 위해서 만난다고? 그래 평화 당연히 그래야지, 그런데 당신들이 평화가 무엇인지 아는지, 전쟁의 엄청난 악을 알기나 하면서 평화를 논하는 것인지 묻지 않을 수 없다. 순식간에 부모를 잃은 고아의 기막힘과 가족의 생사를 몰라 방문을 열어 놓고 밥멍덕을 발치에 끼고 살던 청상 생과부들의 피 울음을 알기나 하는지, 열지도 않았는데 고장 난 수도꼭지는 어느새 또 펑펑 쏟는다.

우리 자식들이야 아직 살아남아서 아버지의 합동 제사도 지내고 울기도 하지만 우리네 가엾은 어머니들은 하늘에서도 한 때문에 편치 못할 것 같기만 하다. 솔직히 말해서 어머니가 가신 후로는 통일을 얘기하면 화가 치밀고 심드렁해졌다. 그토록 아버지를 그리워하고 한 번만 만나기가 소원이었는데 그분이 가신 후에 누구 좋으라고 통일을 한단 말인가, 싶었던 게 솔직한 심정이다. 아버지가 백 세를 넘기시던 날 비로소 마음을 좀 다잡을 수 있었다. 이제는 포기해야 한다. 내가 놓아드려야 아버지 혼백이 구천을 떠돌지 않고 천국으로 가실 수 있을 것 같아서였다.

누군가 위로하듯 말했다. 건강하게 살아서 통일되는 날 혹시 아버지가 남겼을 혈육이라도 있다면 만나봐야 할 것 아니냐고? 기가 막히다 못해 물끄러미 쳐다보고만 있는 내게 새로운 비수가 날아왔다. 아버지가 만약 살아서 그들의 강제결혼에 응할 수밖에 없었다면 혈육이 있을 수도 있는 일이고 그래도 아버지의 흔적이니 잘 거두어야 할 것 아니냐고?

어머니는 하루같이 북녘 하늘만 바라보고 살다 한 많은 생을 마쳤는데 뭐 어쩌고저쩌고? 혈육, 혈육 좋아하시네, 부르르 떠는 나를 보고 그 어른은 영문을 모르겠다는 듯 왜 그러냐고 심상하게 말했다. 이것이 우리네 분단 한국의 실상이다. 안 당해 본 사람은 모른다. 상식은 일 당한 사람에게는 통하지 않는 궤변이기도 하다.

우리로 족하다. 이런 비극을 후대에 대물림할 수는 없다. 적화통일의 야욕을 결코 한순간도 버리지 않는 북의 현실을 직시하고 우리의 안보를 튼튼히 해야 우리 후손들의 평화를 지킬 수 있다. 평화는 막강한 방어태세가 갖추어져 있을 때단 누릴 수 있는 특권임은 역사가 증명하는 진리임을 모를 사람은 아무도 없다. 다만 순간의 방심이 큰 화를 자초할까 두려워함이다.

"아버지 꼭 혼내 주세요. 저는 믿고 잘게요."

2019. 7. 3.

인자한 법학자

사람들은 여러 가지 편견을 갖기 마련이지만 특히 전공에 따른 그 사람의 성격이나 스타일에 대한 편견은 공통적이고 집단적인 경우가 많은 편이다. 인문계열은 좀 부드러울 것 같고 자연계열은 좀 딱딱할 것 같은 편견이 그 예라 할 수 있다. 인문계열이라도 법학을 전공한 사람들은 어딘지 따지기 좋아하거나 아주 강한 개성을 지녔을 것 같은 편견을 갖기 쉽다. 그런 생각이 그야말로 편견임을 입증하는 분이 바로 이범찬 선생이시다.

이 선생님을 처음 뵈었을 때 그 인자한 풍모에 놀라웠고 지나칠 정도의 겸손은 오히려 상대방을 불편하게 할 정도였다고 기억한다. 대학에서 후학을 가르치느라 문학이라는 세계에 입문은 늦게 하셨으나, 세상의 선배이시고 상법학계의 권위이신 노교수님이 마치 오래전부터 알고 있던 분처럼 스스럼없이 대해 주시니 고개가 갸웃거려질 정도였다. 월간 『수필문학』을 통해 문단에 나왔다는 동인으로서의 관계로 이 선생님과 교유할 수 있게 된 것은 큰 행운이었다고 생각한다.

밀짚모자 눌러 쓰고 논두렁에서 촌로들과 탁주 한 잔 나누며 소탈하게 웃고 계시는 것 같은 선생님은 그냥 자주 뵙고 싶은 분이었다. 작품 또한 따뜻해서 법학자라는 게 믿어지지 않을 정도이다. 이해관계를 다투는 중에서도 상사에 관한 것, 개인의 관계보다도 기업 간의 문제를 가름하는 경우가 더 많을 수도 있는 상법의 세계는 훨씬 더 각박할 수도 있을 것 같다. 그런 것들을 저렇게 따뜻한 시각으로 바라보고 해석하는 안목이라면 이미 그것으로 성공한 상법학자가 될 수밖에 없었으리라는 생각을 해 본다.

기행문을 쓰시고 수필집을 엮어내시고 열심히 몰두하시더니 그것으로도 모자라셨던지 시조에까지 입문하셔서 왕성한 창작에 열중이시다. 그런 선생님께서 어느새 미수를 맞으신다니 얼른 믿어지지 않으면서 건강하심과 젊은이 못지않은 열정에 다시 한번 고개가 숙어진다.

요즘 미수야 예전의 환갑보다도 이른 나이 같기는 하지만 그래도 건강에 더 유의하셔서 더 많은 작품으로 문단을 풍성하게 해주시기를 바란다. 인자한 미소로 후배들을 아우르시는 그 넉넉함이 메마른 이 사회를 촉촉하게 적셔 주실 것도 기대해 본다. 부디 행복하시고 오래도록 우리들의 귀감이 되어 주시면 좋겠다.

4

어느 가을날

지기도 서러운데

유난히 깔끔한 축에 들지도 못하지만 오늘은 화분 밑에 떨어진 꽃송이가 눈에 거슬린다. 어려운 책임을 맡았다고 친구들이 보내온 축하 난이 노란색 꽃을 담뿍 안고 우리 집에 시집온 지 한 두어 달 된 것 같다. 새색시의 저고리 색깔보다야 엷은 빛깔이지만 은은한 그 색이 더 애잔하게 아름다웠다. 밤에 불을 다 끄고 나면 창밖의 여광을 받아 마치 초롱불을 밝힌 듯이 마루를 비춰 주었다. 며칠 정신 없이 다니느라 눈 맞춤도 제대로 못한 것이 사나흘 된 모양인데 그사이에 거무튀튀하게 변색되어 몰골이 말이 아니다. 화무십일홍이라는데 두어 달 넘도록 거실을 밝혀 주었으니 갈 때가 되기도 했겠지.

무심코 다가가 떨어진 꽃송이를 줍고 나서 흉하게 매달린 검은 꽃을 따려는 순간 손이 움찔하고 멈춰 섰다. 바로 옆의 여린 새 꽃송이가 그냥 두시라고 소리치는 것 같아서였다. 새로 피어난 어린 꽃은 갓난아기를 볼 때의 느낌처럼 청순하기 그지없다. 바로 옆에 흉한 색깔의 묵은 송이를 잘라내 주는 것이 고마운 것이 아니라 싫다고 하는 이유가 무엇일까 싶어 곰곰이 생각해 보게 되었다. 남의 일 같지 않아서일까?

생각이 거기 미치자 얼굴이 붉어졌다. 한 송이 꽃만도 못한 좁은 심사가 부끄러워서이다. 말 못하는 꽃도 자신의 운명을 아는데 한갓 만물의 영장이라는 사람이 돼 가지고 우선 눈에 곱고 밉고의 차이밖에 볼 수 없다니 얼마나 미련한 일인가. 생겨나는 것은 반드시 언젠가는 없어지기 마련이다. 그 또한 얼마나 고마운 우주의 질서인가. 만물이 그대로 있다면 아마 질식해서 죽을 지경에 이르렀으리라. 아니 어쩌면 벌써 모두 없어져 버리고 말았을지도 모를 일이다.

오래 써서 좋다고 값이 싸서 좋다고 사랑받던 화학제품, 플라스틱 비닐류들 때문에 지금 지구가 겪고 있는 몸살을 보면 더 말할 필요가 없다. 그런 것들은 끝내 폐해로만 남아서 우리를 괴롭히지만 저 꽃과 같은 식물이야 자신이 없어지고 난 후에도 그들 후손의 거름으로 썩어 유익을 끼치고서야 사라진다. 쓰레받기에 담았던 낙화 송이를 화분 흙 위에 얹어 주고 칙칙하게 매달린 꽃송이들을 쳐다보며 말을 걸기 시작했다. 그래 그동안 우리 집에 있느라 고생 많이 했다, 주인 없는 빈집을 지키느라 얼마나 외로웠니, 토요일이면 물 한 모금씩 뿌려주는 것으로 할 일 다한 양 내팽개치고 돌아만 다니는 이 할망구가 얼마나 원망스러웠겠니, 이삿짐은 아직도 덜 풀고 제대로 정돈도 안 된 집에서 정신없어 혼났다고?

그래 미안하다. 축하의 인사를 전하고 은은한 아름다움으로 마음을 편하게 해 줄 때는 좋다고 해 놓고는 색깔 좀 변했다고 아직 명이 남았는데도 가차 없이 떼어내려 했던 무지와 매정함을 용서해 다오. 너만 가는 것이 아니라 나 또한 언젠가는 너처럼 그렇게 갈 것을 미처 생각 못하고 못된 짓을 하려 했구나. 마음처럼 간사한 것이 없다더니 아까와는 반대로 오히려 검은 꽃에 더 눈길을 쏟으며 화분을 매만진다.

연명치료 거부, 안락사 논쟁, 존엄사, 백세 시대의 불청객, 요즘의 화두들이 정신없이 떠오르며 난무한다. 그래 어떤 것이 정답인지 아무도 모른다. 다만 자신의 가치관과 인생관, 생사관에 따라 결정할 일이지만 난감한 일임에는 틀림이 없다. 인간의 명이야 하늘에 달린 것일진대 과연 어떻게 언제 죽는 것이 존엄사이고 정명일까? 현대의학이 볼 때 다 된 시점이라고 하는 때가 과연 하늘의 그때와 일치할 수 있는 것일까? 조금 전 잎에 붙은 검은 꽃을 떼어내던 손처럼 아직은 남아 있는 생명의 근원을 인위적으로 떼어내는 우를 범하지 않는다는 보장이 없고 보면 그것은 사람이 준 면죄부를 손에 든 죄악일 수도 있을 것이다.

너는 어떻게 가고 싶으냐? 천명을 다하되 아이들에게 폐 끼치지 않고 순하고 편하게 갈 때는 빨리 가고 싶어요. 그래, 그렇게 덕을 많이 쌓았느냐? 아니요, 한 것이 별로 없어 그것이 늘 걱정입니다. 허구한 날 마음속에 매달고 다니는 회개 아닌 회개, 기도 아닌 기도를 되씹으며 천천히 일어선다. 다시 한번 화분을 내려다보며 지기도 서러운데 미리 따내려 했으니 미안하다는 인사를 건넨다. 차창 밖에는 차들이 정신없이 달린다. 그래, 지기도 서러운데 붙어 있을 때 열심히 달려보자. 이왕 온 세상 후회 없이 달려야 질 때 덜 서러울지 누가 알랴.

2019. 4. 23.

역사 그 준엄함

문학기행을 한두 번 간 것도 아니건만 오늘은 유난히 신경 쓰이고 가슴 설렌다. 지역 문인단체들이 단독으로 문학기행을 떠나는 일반적인 예와 달리 이번에는 우리 은평문인협회가 이웃 서대문 문인협회와 함께 하는 여행이라 신경 쓰이고 문학 기행지로 잘 가지 않았던 경북 의성에 가는 길이라 그런 것 같다. 날씨도 좋고 회원들의 협조도 수준 이상이라 정시에 출발했다.

휴가들이 끝난 9월 초하루라 그런지 금요일 아침의 고속도로는 쾌적하게 뚫려서 예정대로 일정을 소화했다. 경북 영양에 들러 맛있는 점심을 먹는데 우리 은평문인 이진형 선생의 형님 이여형 전 영양군수가 직접 찾아오셔서 환영해 주고 금일봉까지 주셔서 얼마나 흐뭇하고 고마웠는지 모른다. 조지훈 문학관은 산길을 한참 걸어 들어가서 더 운치가 있었다. 승무 자락의 춤사위처럼 나뭇잎이 한들거리고 하늘은 한없이 푸르다. 재학 시절 교정에서 뵙던 선생님처럼 우리를 맞이하고 계신 조 선생님을 뒤로하고 나오는데 4·18기념탑의 조 선생님 시가 탁본되어 서 있어 옷깃을 여미게 했다. '자유 영원한 활화산이여'로 시작되는 그 기념탑의 시는 언제 읽어도 절구이고 절규이다. 조 선생님의 면모를 압축했다고 해도 과언이 아닐 대표적 상징물이다.

두들마을에 이르니 이문열의 광산문우가 반긴다. 한국현대문학에 대한 체계적인 연구와 문학도의 양성을 위해 이문열이 2001년 5월 12일 설립한 문학연구소이다. 앞으로 소설가 이문열의 문학관이 들어설 계획이다. 옆에는 조선조 여인으로 최초의 요리서인 『디미방』의 저자 장계향의 체험관, 교육관, 예절관, 전시관 등이 자리 잡고 있다. 아쉽지만 자세히 섭렵하지 못하고 체취만 느끼고 자리를 떴다.

의성으로 들어서니 첫 방문지가 조문국(召文國)박물관이다. 난생처음 듣는 나라인데다 내 상식으로는 한자 표기가 소문국인데 조문국이라니 어안이 벙벙해졌다. 내가 아는 소 자가 조로도 읽히나 보다 정도로 생각하고 문화해설사의 설명에 귀를 기울이는데 입이 다물어지지 않는다. 서기 185년경에 이곳 의성을 주도로 한 나라가 조문국이고 신라 9대 왕인 벌휴이사금이 재위 2년째에 조문국을 징벌했다는 삼국사기의 기사로 미루어 이 무렵 신라에 복속되었으리라는 학지들의 연구가 있었다. 이곳에서 능이 발견되어 1960년 국립박물관이 집중적으로 그 지역 일원을 발굴하여 보니 금관, 순장묘, 유골 등이 발견되어 계속 발굴 및 연구 작업을 계속하여 374기의 고분군을 확인하였다.(2015. 4. 의성 금성산 고분군 일원 문화재 지표조사 보고서)

이곳 금성산 왕릉의 주인공은 조문국의 경덕왕으로 의성읍에서 남쪽으로 28번 국도변 약 8.5km 금성면 대리동 산 384번지에 있다. 발굴 당시에는 외밭이었다. 이 왕릉 발굴과 관련해 두 가지 전설이 전해 오는데 둘 다 꿈에 밭 주인에게 백발 노인이 현몽해서 '내가 경덕왕이다.'라고 밝힌 점이 흥미롭다.

전설 하나는 숙종조의 허미수 문집에 실려 있다.

먼 옛날에 한 농부가 외밭을 마련하려고 작은 언덕길을 가는데 사람이 겨우 드나들 만한 작은 구멍을 발견하고 들어가 보니 돌로 쌓은 석실에 금칠이 되어 있고 금소상이 머리에 찬란한 금관을 쓰고 있었다. 욕심이 난 농부가 그 관을 벗기려는데 손이 관에 붙어 떨어지지 않았다. 그리고 그날 밤에 의성군수 꿈에 한 백발 노인이 나타나 자신이 경덕왕인데 어디 어디에 와서 확인하고 능을 개수 봉안하라고 명령하고 사라졌다. 그래서 군수가 확인하고 그때부터 보존하였다.

또 하나의 전설은 이 지방 사람들에게 전해지는 것이다.

이곳은 500년 전에 오극겸의 외밭이었는데 외를 지키던 외직이의 꿈에 백발 노인이 나타나서 자신이 신라시대 조문국의 경덕왕인데 내 릉 위에 네 원두막이 있으니 바로 철거하라고 명령하고 그 외직이의 등에 글씨를 써 주고 사라졌다. 꿈에서 깨어나 보니 등에 글씨가 씌어 있는지라 관가에 알려 봉분을 만들고 제사를 지내게 되었다.

아무튼, 경덕왕이 직접 현몽해서 자신의 존재와 조문국을 후세 사람들에게 알리게 되었다는 내용으로 정리해 볼 수 있는 이야기이다. 부족사회를 거쳐 국가라는 큰 단위로 발전해 왔다는 사실을 초등학교 4학년쯤에 사회생활 시간에 배운 것 같은데 그저 그것일 뿐 우리에게 거의 무관심의 대상이었던 부족국가의 역사적 현존을 마주하게 되니 너무 경이로워 입을 다물 수가 없다. 게다가 금관을 비롯한 출토 유물들이 생각보다 문화 수준이 높아 보이니 실로 충격이라 아니 할 수 없다.

삼한시대 전후로 이와 같은 부족국가가 한반도 안에 얼마나 많았을까에 생각이 미치자 여기 발굴된 조문국은 그야말로 빙산의 일각일 것이라는 추측이 가능해진다. 역사, 정말 무서운 것 아닌가? 몇천 년이 지나고서도 불쑥 그 정체를 드러내는 것, 이 역사의 준엄함을 우리가 너무 잊고 사는 것은 아닌지. 정말 제대로 옳게 살아야겠다는 생각에 옷깃이 여며지는 순간이다. 마늘로만 연결되던 의성이라는 곳의 재발견은 진정 경이에서 경외로 바뀌고 있다. 고분군의 왕릉과 여러 능의 위용이 보통을 넘는다.

폐교를 말끔히 단장한 숙소에서 정담을 나누다 꿈속을 헤맸다. 아침을 먹고 찾은 곳은 서대문 문협 김진중 회장의 고향인 사촌마을이다. 만취당에서 그 선대 어른들의 학문과 나눔의 정을 듬뿍 느끼면서 우람한 한옥의 기풍에 눌려 갑자기 김 회장이 거인처럼 보였다. 훌륭한 조상을 둔다는 것은 진정 행운이다. 역시 그만한 선대의 기를 받았으니 그만한 글을 쓸 수 있는 것이구나 싶어 부러운 눈길을 보내며 서울로 향하는 차에 오른다. 우리도 오늘 두 단체가 함께 행복한 이틀을 잘 보냈으니 합해서 선을 이루는 가치를 실천해 냈다는 자부심으로 가슴을 활짝 펴도 좋을 것 같다.

눈으로 본 추석장

잔뜩 산다. 호박, 박, 대추, 감, 이루 다 세기 힘들 만큼 여러 가지 먹을거리들을 사고 또 산다. 추석을 앞둔 시장은 온갖 것이 다 쏟아져 나와 그야말로 만물장이다. 살 걸 다 샀건만 여전히 장을 누비고 지나간다. 난생처음 들른 동래의 재래시장인데 추석장이니 평생 한 번도 사보지 않은 낯선 것들도 많다. 그래서 더 많이 사고 있는 모양이다.

선배의 문학상 시상식에 참석하려고 새벽부터 내려왔는데 시간이 많이 남아 동래온천에 몸을 담가보려고 찾아가는 길에 만난 꿀단지가 이곳이다. 자투리 시간을 그냥 못 보내는 빠듯한 일정을 짜놓고 움직이는 중이다. 손에 들 것도 없이 눈으로만 보는 추석장은 예상외로 즐겁다. 무거워 애쓸 것도 없이 머릿속으로 이미 한 상 가득 추석 상을 차리고 있으니 이보다 더한 행복이 어디 있으랴.

박이라는 것은 아주 어려서 외갓집 지붕에 올라앉은 것을 본 기억이 어렴풋할 뿐 흥부의 박 타기만 떠오르는 것인데 언젠가부터 김밥에 재료로 쓰인다는 말을 들은 후 박 요리라는 말도 언뜻 들은 듯하다. 그 박을 샀다. 늙은 호박 하나도 제대로 못 다루는 주제를 파악하지 못하고 부리는 만용이다. 물론 식재료로 다듬어진 상태의 것이긴 해도 말이다. 생선도 낯설고 여러 가지가 생소하니 재미가 쏠쏠하다.

추석 사흘 전이니 여염집 여인이라면 추석 준비에 전념해야 할 때인데 차표도 사기 힘든 부산행이라니 어이없는 행보일 수도 있다. 서울에 행사가 있을 때마다. 한 번도 빠지지 않고 개근하신 그 어른의 25년 세월을 생각하니 도저히 그냥 있을 수가 없었다. 늦게 연락을 받다 보니 추석 밑이라 이미 기차표는 완전 매진 상태였다. 대기를 걸어 놓고 고속버스 이른 시간의 표를 예약하고 수선을 떨었다. 자정 가까이 돼서 온 연락은 꼭두새벽 차였다. 눈을 비비고 서울역에 나오니 첫차가 아직 대기 중이었다. 전혀 기대하지 않고 혹시 빈자리가 있나 확인했더니 표를 바꿔 주었다. 이런 횡재가 있나 싶어 히죽거리며 차에 올랐다. 덤으로 생긴 시간 선물에 맞춰 여러 개의 시간표를 짜다 보니 어느새 대전을 지나고 있었다.

온천욕을 하고 나오니 무얼 좀 먹어야 할 것 같았다. 아까 시장 길로 접어들 때 허름해 보이는 돼지국밥집에서 무럭무럭 오르던 김을 떠올리며 발길을 옮겼다. 몇 발짝 가니까 돼지국밥이라는 간판이 눈에 들어온다. 그냥 들어갈까 하고 들여다보니 너무 말끔하게 정돈된 집이어서 고개가 가로저어진다. 어쩐지 토속적인 맛을 내는 돼지국밥하고는 거리가 먼 것 같아서이다. 배고픔을 잘 못 느끼는 체질인 데다 차 안에서 한 조각 먹은 찰떡의 위력 덕에 느긋하게 김이 나던 그 집을 찾아가기로 했다. 김이 나는 집을 아무리 두리번거려도 찾을 수가 없어 옆 골목을 뒤지다 다시 돌아와 보니 조그맣게 그 집이 거기 있었다. 문밖의 큰 솥으로 확인은 했으나 고개를 갸웃거리며 들어서니 실내가 지나치게 깔끔했다. 국이 설설 끓던 새벽의 정취가 간 곳 없어 배신감(?)을 느끼며 잠시 서 있었다.

앉기도 전에 김치 접시를 갖다 놓으며 앉으라는 친절한 안내에 지남철에 끌리듯 엉거주춤 앉았다. 앞에 놓아주는 국밥의 첫 수저를 입에 댄 순간 탄성이 터져 나오며 좀 전의 떨떠름함이 말끔히 씻어졌다. '그래 이 맛이야!' 이 탄성은 이런 때 딱 맞는 것이렷다. 사실 돼지국밥은 내게 트라우마 중 하나였다. 여고 2학년 때 첫 수학 여행지인 구례 화엄사에 갈 때 점심 먹으러 들어갔던 식당에서 마주했던 돼지비계가 둥둥 뜬 국은 보기만 해도 낯설어 수저를 들기 힘들었다. 몹시 누린내가 날 것 같다는 선입견 때문인지 첫술을 뜨고 난감했던 기억은 지금도 고개를 가로젓게 만든다.

몇 년 전 우연히 밀양에서 맛본 돼지국밥이 진면목을 보여주며 예전에 그 국은 그냥 돼지비계 국이라는 것을 깨닫게 해 주었다. 돼지국밥이라는 말만 들어도 어떻게 돼지고기로 국을 끓이느냐는 편견은 밀양의 국밥 한 그릇이 깨끗이 지워주었다. 그 후로 경상도에 가면 돼지국밥을 일부러 찾아 먹게 되었다. 설렁탕과는 전혀 다르고 순댓국과도 또 다른 오묘한 깊은 맛을 만끽하며 늦은 아침을 먹고 범어사로 가는 발길은 한껏 가벼웠다.

돼지국밥은 자신이 없으니 방금 산 푸성귀로 겉절이를 하고 나무새도 무쳐서 소담스레 담았다. 토란국을 새하얀 백자 대접에 조심스레 뜨고 햅쌀밥을 주발에 담아 정성껏 추석 상을 차리는데 어느새 차는 범어사 앞이라고 내리라 한다. 입안에는 깨 송편이 고소하다 못해 향긋하게 한가득이다. 이만하면 올해 추석은 성찬이다. 하늘은 한없이 높고 추녀 끝의 풍경이 전설처럼 하늘거린다.

2017. 12. 16.

바닷길의 글벗

문학 관련 모임에 한두 번 가는 것이 아니건만 오늘 이 모임은 언제나 가슴을 설레게 한다. 벌써 25년이 되는 연륜을 쌓은 것도 이유이겠지만 만나는 사람들 때문이다. 같은 잡지를 통해 등단했다는 인연은 생각하기에 따라 별것 아닐 수도 있겠으나 그건 이상한 힘으로 서로를 잡아끄는 자력을 갖고 있다. 친정이라고 표현하기를 즐기는 이유도 거기 있음이다. 오랜만에 만나도 형제 같은 친근함과 다정다감한 대화가 오간다. 누가 먼저랄 것도 없이 서로가 소중하고 좋다. 글에 대한 시샘도 없고 왕성한 활동에 대한 시기심 같은 것은 물론 없다. 그저 그의 발전이 내 것인 양 좋고 기쁘다. 이런 터전을 만들고 지켜온 창립자가 건재해서 더욱 좋다.

이번 모임은 더구나 우리의 친정인 『수필문학』이 300호를 발간하는 기념이기도 하고 우수잡지로 연달아 선정되는 기쁨을 함께 나누는 자리이기에 한층 고조된 기분이다. 날씨가 걱정스러웠으나 어젯밤 미리 비가 뿌려주어 아침은 상쾌하게 해가 떠올랐다. 감사한 일이다. 내일이야 비가 좀 촉촉이 내려 준들 무엇이 대수랴. 오히려 낭만적인 여행길이 되어 줄 수도 있다. 정시에 출발했으나 길이 막혀 오늘 안에 강릉에 닿을 수 있으려나 염려될 지경이었다. 고속도로 전체가 공사 중인 것 같을 정도로 조금 가면 공사로 차선 하나만 남겨놓기 일쑤다. 이러다 보니 차는 가기보다 서기 바쁘고 달리기보다 주춤주춤 기어가고 있다. 옆 사람이 반갑고 기쁘니 별로 짜증 낼 것도 없이 평소의 곱절에 가까운 시간을 먹고서야 드디어 강릉에 닿았다.

강릉의 글벗들이 미리 온 춘천 회원들과 함께 기다리고 있는 옹심이 집에서 향토식인 감자 옹심이국을 맛나게 먹었다. 여기 아니면 맛볼 수 없는 진귀한 음식을 그야말로 갯바람에 게 눈 감추듯이 먹었다. 동동주 한 모금씩을 마신 일행은 발그레해지는 볼을 쓰다듬으며 차에 올랐다. 개방된 지 엿새밖에 안 되는 정동진의 부채바윗길을 걸었다. 겁 없이 들어서니 깊은 낭떠러지 같은 내리막 계단이 거의 직선에 가까운 각도로 내리꽂혀 있다. 바로 초입이면 되돌아 나가련만 조금 걸었으니 그럴 수도 없고 할 수 없이 계단을 내려서며 후회막급이다. 다리가 갑자기 데모라도 하면 어쩌나 싶은 걱정에 다리에게 부탁하고, 아니 하나님만 속으로 불러대며 한 걸음 한걸음 조심스레 내려갔다. 한발 앞만 보자, 욕심내지 말자, 가는 데까지 가자, 아프지 않으니 미리 걱정하지 말자, 천천히 가자. 체면 따위는 붙들어 매고 엉금엉금 내려가는 만용을 계속하다 보니 계단이 끝났다. 이어서 계단과 평지가 번갈아 나타나는 굽잇길을 연신 도는데 옆으로 동해의 푸른 물결과 갖가지 모양새의 바위가 탄성을 자아내게 하니 언제 왔는지 모르게 목적지 심곡항에 닿았다. 아스라이 보이는 발아래 낭떠러지 위를 하수도 가리개 같은 구멍 뚫린 철물로 깔아서, 편하게 걷도록 만든 길 위를 걷는 것은 약간의 고소공포증인 사람으로서는 아찔해서 걸을 수 없는데 오늘은 내가 그 바보 행렬에서 완전히 벗어난 역사적 날이 되었다. 자꾸만 이어지는 그 길을 아니 걸을 수도 없기에 처음에는 하늘만 쳐다보며 내려다보지 않고 걷다가 어차피 걸어야 하니 난간을 붙잡고 아래를 내려다보며 훈련해야겠다는 생각이 들었다. 몇 번 시도하니 아무렇지도 않게 적응되기 시작했다. 아아 하면 되는구나, 드디어 바보 탈출에 성공했다. 이제 유리길 위를 마음 놓고 걸을 수 있으니 그런 곳도 피하지 말고 찾아가 즐겨야겠다.

이근현 회원의 안내는 구수하고 해박했다. 가 보지 못한 백두대간 공부도 하고 강릉의 속살을 유감없이 섭렵한 이번 여행은 일품이다. 작가대회 세미나야 책으로 대신하거나 차 안에서 잠깐 하고 밤의 해변을 좀 더 즐겼으면 좋았을 것을….

공부하기 싫어서가 아니라 해질녘 바다를 뒤에 두고 돌아서는 일은 사뭇 잔인한 일이어서 하는 말이다. 세미나장 여성수련원에 도착하니 거기도 바다가 일행을 품어주어 절반은 마음이 풀렸다. 숙소에 짐을 풀고 오는 동안 어둑해지기 시작하니 심술은 저절로 가라앉는다. 강석호 회장의 강의에 귀를 기울이며 역시 노장은 노장이라는 감사의 마음으로 건강하게 1시간을 거뜬하게 서 있는 그분에게 우리는 소리 없는 박수를 보내며 귀를 기울였다. 시간이 지연되었으나 발표자들의 배려로 시간을 앞당겨가며 세미나를 마쳤다.

해변횟집의 회가 기다리는 저녁은 행복과 포만이었다. 양식이 전혀 들어올 수 없다는 이곳 금빈의 자연산 회로 서울 공해에 찌든 속을 씻어내려는 듯 접시를 깨끗이 비우고 숙소로 향했다. 맥주, 소주, 안주를 샀으니 408호로 모이라는 안내를 들었으나 따뜻한 물속에 들어앉아 밤바다를 내다보니 세상만사 다른 데는 뜻이 있을 수 없었다. 노곤해진 발가락이 이불 위에서 떨어지려 하지 않는다. 잠깐 눕는다는 것이 꿈나라로 직행이다. 오랜만에 이런 야릇한 분위기에서 와담회를 즐겨야 하는데 꿈길이 몽롱하다. 바닷길을 걷고 있다. 옆에 누군가 손을 잡아주는 것 같기도 하고 아닌 것 같기도 하다. 그래 그렇게 다니고도 아직도 여행이 그리도 좋으냐고 속삭이는 건 남편 목소리다. '그래 좋소, 당신은 거기서 좋아?' 쏘아붙이다 보니 꿈이다. 먼저 가고 싶어 갔으랴만 내 이 못된 투정은 언제나 돼야 서슬이 좀 닳아지려나 모르겠다.

새벽 바다 솔밭 길을 걷는데 이슬비가 간간이 흩뿌린다. 그 또한 기막힌 분위기 연출이 아닐 수 없다. 노란 우산을 받쳐 든 모습을 후배가 찍어주었는데 그 표정이 마치 어린애같이 해맑다. 얼마 만에 보는 이런 얼굴이란 말인가? 역시 여행은 좋은 것이야, 세미나가 있어 금상첨화이지만 말이야. 그래 사랑스런 글벗님들 오늘 하루 강릉의 겉살을 함께 즐기시고 어제의 속살을 곱씹는 재미를 가슴에 안고 서울로, 집으로 돌아가십시다. 다음을 또 기약하면서. 좋은 글 많이 써서 사람들의 마음에 우리의 이 행복을 아낌없이 나누어 드립시다.

2016. 10. 26.

내가 선 이 자리에 누가 서 있었을까?

사람이 살다 보면 지금 내가 선 이 자리에 옛날에는 누가 서 있었을까? 문득 궁금증이 들 때가 있다. 오늘을 살면서 옛일을 떠올려 보는 것 또한 그 속에 불변의 진리가 숨어있기 때문이다.

역사가 거울이어야 한다는 것은 누군가가 억지로 그렇게 생각하라고 강요해서가 아니라 시대가 바뀌고 사람이 달라졌으련만 어쩌면 그렇게도 인간사 얽히고설키는 것은 신기하리만치 똑같은가 감탄할 정도로 같은 일이 반복되어서이다.

나라의 커다란 역사도 중요하지만 내가 사는 이 고장의 어제가 궁금한 것은 바로 내 일인 것처럼 친근감이 있기에 더욱 궁금한 것이다.

요즘은 향토사학자들의 활동이 활발해져서 이런 갈증을 많이 풀어주고 있다. 『은향』이야말로 그런 역할의 첨병임을 자타가 공인할 만큼 믿음을 주는 책이다.

은평의 향토사를 전문적이고 체계적으로 깊이 있게 조명하고 발굴해서 학문 서적처럼 엮어내는 것으로 소문난 책이라고 생각한다.

은평향토사학회 박상진 회장의 해박한 실력과 향토사에 대한 애정이 한데 버무려져서 올해도 수준 높은 향토사 한 권이 또 세상에 나오게 됨을 진심으로 축하드린다.

은평향토사학회의 발전과 은평의 향토사학자들의 건투를 빌며 내년에 더 좋은 책을 만나게 되기를 기대하면서 축하 인사를 갈음하고자 한다. 수고한 여러분들의 건투를 빈다.

따뜻한 책

강기재 선생은 통영시 한산면 추봉도에서 태어난 뼛속부터 통영 사람이다. 그는 숨을 쉬어도, 잠시 모든 것을 내려놓고 한숨을 돌릴 때도 여전히 통영 사람일 뿐이다.

해군 군무관을 거쳐 농협에서 일생을 보낸다. 통영 농협의 전무이사를 끝으로 평생 직장을 떠나고 허탈한 마음을 다잡기도 하고 생활의 방편도 삼을 겸 해서 건강원 경영이라는 전혀 생소한 일에 뛰어들어 인생 2모작을 성공리에 마친다. 우여곡절도 있고 어려움도 많았지만 그는 흔쾌히 그 일을 접고 인생 3모작을 시작한다. 그때부터는 주로 봉사의 생활이 주를 이룬다.

수필은 자신의 체험을 바탕으로 해서 쓰는 글이고 자신의 일상에서 글감이 주어지기 때문에 진솔한 자신의 인생 기록일 수밖에 없는 숙명적 특성을 지니고 있다. 이런 면에서 강기재 선생의 두 번째 수필집 『양철 도시락』은 인간 강기재의 인간승리의 기록이고 강기재 선생의 안경으로 본

세상의 기록이라 할 수 있다.

양철 도시락의 추억을 지닌 세대에게는 더 큰 감동을 안겨줄 이번 역작은 제1부에서 한산섬을 비롯한 통영의 사랑스런 섬들의 살아 있는 이야기로 그의 진한 통영 사랑을 아낌없이 담고 있다. 매물도의 남매바위 등에서는 전설을 중심으로 한 섬의 속살을 이야기함으로써 외지인에게는 좋은 정보를 곁들인 수필의 진수를 보여줌과 동시에 섬 사람들에게는 진한 공감을 불러일으키는 훌륭한 수필을 빚어내고 있다. 특히 한산도는 그곳의 정서, 역사성, 자신과의 이야기 등을 각각 다른 작품으로 써서 그 섬에 대한 작가의 애정어린 관심을 드러내고 있다.

2부 「구름 따라 닿은 발길」은 제목 그대로 그야말로 구름에 실려 이리저리 발 가는 대로 가면서 삼천리금수강산을 손바닥 위에 놓고 마음껏 재단하며 곱게 수놓고 있는 기행문의 진수들을 수필로 엮어내고 있다.

정지용을 만나는 이야기에서 시인을 아낌없이 독자에게 소개하는가 하면 천 년 고찰 부석사를 찾아서는 배흘림기둥을 언제 다시 찾아볼까? 아쉬워하며 차마 발길을 돌리기 힘들어하는 데서 작가의 서정성을 깊이 만날 수 있다.

그런가 하면 광복 70주년 기념으로 백두산에 올라서는 민족의 영산을 마음껏 눈에 넣고 '통일의 그 날을 언제 올 것인가'를 삼행시로 절규하며 산을 내려오는 대목에서 가슴을 뭉클하게 한다.

3부 「지난날의 회상과 지역 사랑」에서는 그야말로 자신의 발자취를 더듬어 보면서 실수를 반추하며 당시를 솔직하게 풀어냄으로

써 고백 문학이라 할 수 있는 수필의 본령을 잘 지켜내는 실력을 유감없이 보여주었다. 양철 도시락을 농촌체험장에 가서 특식으로 대접받으면서 옛날 배고프던 시절의 맛나던, 그리고 정겹던 난로 위의 양철 도시락을 대비시키는 구성은 수필의 짜임새를 돋보이게 하는 수작이다. 어느 작품이라 특정하기 어려울 만큼 지역 사랑이 물씬 풍기는 작품들이다.

4부 「아프니까 인생이다」에서는 늙어가면서 겪을 수밖에 없는 병마와의 전쟁, 외로움, 가족 사랑 등 늙음이 가져오는 고통과 애환, 그에 못지않은 살아볼 만한 인생의 의미와 가족의 가치를 조명하고 있다.

5부 「허물을 벗는 지혜」에서는 인생사의 지혜와 우리가 처한 현실 등에 눈 감을 수 없는 울분 같은 것을 담담히 엮어내는 시사적인 글감들을 모아 놓았다 할 수 있다.

작가의 주옥같은 수작들을 어찌 짧은 서평으로 다 말할 수 있겠는가?

통영 사람 강기재의 인생과 낭만과 문학적 열정이 한데 어우러져 엮어낸 이번 강기재 선생의 두 번째 수필집은 시대의 증언, 통영의 자랑, 인생은 살아볼 만한 가치가 있음을 말하는 정감 어린 인간승리의 기록으로 손색이 없는 수작이다. 청·장·노 모든 세대에게 다 가까이 갈 수 있는 이 한 권의 책을 꼭 읽어 보시기 바란다.

2018. 12. 10.

편지

참으로 오랜만에 들어보는 낱말이다. 날마다 우편함은 가득 차 있기 마련이지만 그 속에 진정 편지라 할 만한 것들이 아예 사라지다시피 된 지 오래된 것 같다. 이메일이라는 것을 매일 이용하면서도 그것이 편지의 일종임을 느끼지 못한다. 그저 편리한 일상 업무 처리 중의 하나일 뿐이다. 하기야 서툴게 겨우 이용하는 사람의 경우가 그렇지 컴퓨터 사용이 일상화된 사람들에게는 이메일이 훌륭한 편지 노릇을 하고 있다.

처음 원고지 대신 컴퓨터 자판을 두드리며 화면에 대고 글을 쓸 때 가졌던 생뚱맞은 낯섦이 날이 갈수록 사라져가다가 어느 날 문득 원고지에 쓰는 일이 번거롭게 느껴지던 변화를 기억해 보면 이메일로 멋진 편지, 정겨운 사연을 마음껏 풀어내 볼 수도 있을 것 같다. 똑같이 기계를 통한 것이라 바스락거리기는 매한가지건만 이메일보다 더 각박한 것이 손전화에 대고 쓰는 메시지나 카톡 문자들이다.

어지간한 문서도 화면에 찍어 뚝딱 전송하면 끝이니 이런 좋은 세상에 누가 답답하게 편지를 쓰고 있냐고 던지는 핀잔이 아주 헛말만도 아니다.

요즘 사람들은 어쩌면 사랑의 고백도, 정담도, 애틋함도, 서운함도, 기쁨도, 슬픔도, 아주 미세한 감정의 표현 모두를 손전화에 대고 다 풀어 버린다. 가히 손가락이 모든 것을 도맡아 해내는 세상에 살고 있는 것이다. 카톡카톡 오가던 정담이 찍히던 자리에 어느 순간 작별 통지가 마치 포고문처럼 찍히기도 할 것이다. 태워 버릴 연애편지도 없으니 그 마지막 불꽃을 보며 다시 한번 붉어질 볼도 없고 사그라지는 잔불의 여운을 보며 애간장을 녹일 일도 없다. 한숨을 담아 함께 날릴 아련한 연기조차 찾을 길 없으니 얼마나 삭막한가?

사랑하고 좋아하고 아파하고 괴로워하는 일들을 그들도 잘만 하고 있는데 각박하니, 삭막하니, 해 가면서 옛날식 편지를 그리워하는 것은 자신의 지나가 버린 젊음을 아쉬워하는 것일 뿐 별로 의미가 없는 일인지도 모른다.

편지, 듣기만 해도 가슴 따뜻하고 공연히 두근거려지기도 하는 이 매력적인 것을 받아 본지가 언제쯤이지 도무지 기억이 나지 않는다. 아이들이 생일이나 명절 때 선물에 붙여 건네는 카드에 써 준 덕담을 편지로 생각하고 위로 받는다면 그래도 1년에 편지 몇 장은 받는 셈이니 행복하다 해야 할 일이다. 게다가 책을 내고 나면 전국의 독자들과 글벗들로부터 애정 어린 격려 편지들을 받으니 호사가 아니겠는가?

자신도 책을 받은 경우 가끔 몇 자 적는 외에 편지다운 편지를 써본 지가 언제인지 모르면서 못 받은 아쉬움만 털어놓고 있으니 이 또한, 지극히 이기적인 모습이다. 이러쿵저러쿵하지 말고 이 가을이 다 가기 전에 편지를 써 보자. 누구에게 보낼까? 멀리 떠나 있는 친구도 좋고 가까이에 있는 애들에게도 좋다. 아무래도 훌쩍 떠난 짝꿍에게 먼저 편지를 띄워야 할까 보다. 잘 있느냐고, 내가 옆에 없어도 별 탈 없이 지낼 수 있더냐고, 아니 진즉 갈 걸 만시지탄이란 생각이 들 정도로 좋더냐고, 아니 그 정도가 아니라 내가 빨리 좇아갈까 봐, 걱정이 되느냐고 그래 편지로나마 물어보자. 진정 어떤 심사인지를. 편지 답장은 꿈으로 받을 테지.

2015. 10. 9.

꿈은 언제나 좋아

짐작은 하고 왔지만 역시 아무도 없다. 하늘에 무심한 구름만 두둥실 떠 있고 그 아래로 빈 동산만 덩그마니 앉아있다. 반세기 전 그 황량하던 산과는 다른 느낌으로 다가오는 것은 무슨 연유일까? 젊음이 고스란히 묻혀 있는 곳이어서일까? 그것만은 아닌 것 같다. 이곳에 국립한국문학관이 들어설 것이라는 희망이 있어 그런 것 같다는 게 더 맞는 대답일 것 같다.

따가운 햇살을 등에 지고 흙더미만 보이는 산 쪽으로 올라가 본다. 약간 동떨어지게 자리 잡은 산이라 접근이 쉽지 않다. 내려다보고 싶은 생각을 접고 올려다보는 것으로 만족하기로 했다. 비스듬히 올려다보이는 흙더미를 보면서 마음은 정다운 골목길을 걷고 있다. 두 아이의 손목을 잡고 딸 아이의 재잘거림을 노래 삼아 들으면서 걷는 기분에 취해 한참을 서 있었나 보다. 그래 여기 이제 새로운 시대가 열리는 거야. "얘들아, 너희들의 고향 땅에 이 나라의 국립한국문학관이 들어서고 문학의 메카로 재탄생된단다.” 또로로 록, 이름 모를 산새 한 마리 초로의 아낙을 반겨준다. 새가 울 시간이 아닌데 허위단심 빈터를 찾아온 늙은이가 대견해서 찾아왔나 보다.

「접시꽃 당신」이라는 시로 세인의 심금을 울렸던 시인 도종환 의원이 발의하여 통과된 문인 복지법에 의해 국립한국문학관을 건립하기로 한 정부가 부지 선정에 착수해서 여러 가지의 검토를 거친 결과 이곳 옛 기자촌 부지가 건립 후 부지로 낙점될 가능성이 높은 2배수 안에 들어갔던 것이 2015년의 일이다. 북한산을 끼고 있는 수려한 경관과 은평뉴타운의 야심작 중 하나인 한옥마을 등과 어우러져 비어 있는 옛 기자촌 터는 적지 중 적지로 꼽혔다. 마치 예비되어 기다리고 있는 땅 같을 정도였다. 호사다마라 했던가? 거의 결정 직전에 지방자치단체 중 한 곳이 지방 분산을 이유로 이의를 제기하고 나오면서 여러 지자체가 봇물 터지듯이 유치 의사를 밝혀오자 문체부는 공모에 들어갈 수밖에 없이 되었다.

은평구는 꾸준히 왜 은평이 적지인가를 널리 알리는 일에 주력하고 정지용 시인의 초당 자리에 표지판을 설치하는 등 수많은 문인이 살다 간 곳 은평, 오늘도 많은 문인이 살고 있는 은평을 제대로 알리기에 온 힘을 쏟고 있다. 또한, 그 대상 지역이 역사적인 기자촌이 있던 곳임도 특색 중의 하나여서 경쟁력이 있다고 보고 적극 홍보 중이다. 오늘은 그 기자촌을 만들고 살아왔던 언론계 원로들을 비롯한 기자촌의 옛 주민들을 초청해 홈커밍 잔치를 벌인 날이다. 마음은 이곳에 와 있었지만, 학교 강의를 마치고 이제야 빈터에 와서 있는 것이다. 시간으로 보아 아무도 없이 다 헤어지고 난 후일 줄 알았지만 안 오고는 배길 수가 없었다.

1966년 이곳에 터를 정하고 기자촌을 만들 때는 홍안이었다. 아이를 낳아 기르는 동안 살림도 늘고 지위도 올랐다. 세상 재미도 많이 보고 어려움도 겪었지만, 희망이 있고 꿈이 있었다. 옆집도 그랬고 앞집도 그랬다. 같은 직업의 사람들이 한 마을에 모여 산다는 것은 그 자체가 흥미로운 일이었다. 누구네 집 된장찌개가 끓고 있는지 알아챌 정도로 한 식구처럼 지내는 것이 마치 농촌 같은 정경이었다. 정세가 격변을 겪을 때마다 정계는 기자들을 발탁해 가는 바람에 국회의원과 장관들을 여럿 배출했다. 언론계를 떠나 국정에 참여했던 분들이나 언론사에서 정년을 마친 분들이나 이제 그때 사람들은 모두 책임을 벗은 자유인이 되었다. 머리에 서리를 이고 풋풋하던 얼굴은 연륜이라는 이름의 계급장이 나름의 그림을 그리고 있어 홍안은 간 곳 없어진 지 오래다. 마음만 더 없이 푸르고자 할 뿐이다.

이상적 마을의 전형을 만들어 보겠노라 야심 차게 세웠던 당초의 계획이 무산되어 각종 시설을 다 갖춘 마을은 아니었으나 길이 넓고 쾌적한 골목들이 일품이었던 기자촌은 고운 꿈으로 고스란히 가슴에 남아 있다. 이제 그곳이 또 다른 꿈을 꾸기 시작한 것이다. 이곳에 언론기념관과 국립한국문학관이 들어서면 지금 모였다 흩어진 옛 주인공들은 하늘에서도 기쁜 마음으로 이 동산에 와서 놀다 갈 것 같다. 국민의 알 권리를 위해 일생을 바친 사람들이나 인간의 진정한 삶의 궤적을 따라 작품을 쓰는 일에 혼신의 힘을 다 쏟은 문인이나 같은 꿈을 꾼 사람들 아니겠는가?

기자촌 옛터라는 까만 돌비에 최초로 이 마을을 만들고 들어와 살았던 당시의 언론인들 이름 석 자가 빼곡히 새겨져 있다. 이름을 확인하고 입가에 미소가 번진다. 그래 여기 흔적을 남겼으니 이제 죽어서 묘지가 없어도 섭섭하지 않을 것 같아서이다. 북한산의 정기를 받아 아이들도 잘 자라주었으니 보람 있는 삶들을 살아 주리라 믿는다. 구름은 무심하게 흘러오면서 꽃이 되었다, 아이가 되었다. 변화무쌍한 춤판을 벌인다. 북한산 줄기를 따라 시선을 옮기는데 저만치서 남편이 웃으며 걸어온다. 아, 언제 와 있었느냐며 발을 떼는 순간 나뭇잎 하나 눈썹을 훑으며 떨어진다. 그래 그는 하늘로 떠났지, 아무도 없지만, 그가 왔으니 됐다. 이제 내려가도 좋을 것 같다. 뜨거운 여름 햇살도 오늘은 좋기만 하다. 머리에 서리를 이었어도, 홍안이 노안이 되었어도 새로운 꿈을 꾸며 발길을 돌린다.

2016. 6. 20.

덫

덫에 걸리는 것은 쥐를 본 것이 전부다. 시골에 살지 않아서 다른 동물이 덫에 걸리는 광경을 볼 기회가 없었던 것이다. 여학교 때 겨울 방학에 체력 단련이라는 이름으로 토끼 사냥이라는 것을 갔을 때도 아래서부터 몰아 올라갈 뿐 덫 같은 것을 놓지 않아서 언제나 빈손이었다. 선생님은 아예 처음부터 토끼를 잡을 생각은 없이, 아랫목만 파고들어 나른해질 여학생들의 체력 강화를 위해 벌이는 행사였다. 속임수를 써서 토끼를 잡는 것이 오히려 교육에 해가 되리라는 깊은 생각을 하셨던 것 아닌가 싶기도 하다. 백설로 뒤덮인 산과 그 위의 파란 하늘만이 가득했던 그때 그 산에 다시 가 보고 싶다. 빨리 오르지 않는다고 우리를 몰아세우며 토끼가 너희들을 잡겠다고 고함치시던 선생님을 뵙고 싶다.

함정을 파기도 하고 덫을 놓기도 해서 짐승을 잡기 시작한 인간은 언제부터인가 이것을 사람을 잡기 위한 방법으로 이용하게 되었다. 아마 시초는 전쟁 때가 아니었을까 싶다. 이것의 시작 역시 물리적으로 직접 덫을 만들어 놓거나 땅에 구덩이를 파서 함정을 만들었을 것이다. 그러다가 전략의 일종으로 첩보전을 시작하면서 고도의 머리싸움을 시작하게 되었을 것이다. 사람 사는 일이 복잡해지면서 생활 속에서 보이지 않는 여러 가지 방법으로 이 원리를 이용해 상대를 속이거나 옭아매기 위한 수단으로 이용되기 시작했다.

누군들 살아가는 동안 함정에 빠지거나 덫에 걸리고 싶은 사람은 없을 것이다. 대부분의 사람들은 누군가를 잡기 위해 이런 방법을 쓰거나 생각해 보는 일조차 없이 한세상 잘 살다 갈 것이다. 역사소설이나 뉴스 속에서 이런 일들을 보게 되면서 고개를 갸우뚱거리기도 하고 끄덕이기도 하지만 자신과는 상관없는 일로 생각하는 것이 우리네 보통 사람들이다. 요즘 신문 방송을 통해 쏟아져 나오는 소식들 속에서 허우적거리는 소시민들은 익사 전에 질식사할 지경이다. 악취와 꼴불견이 도를 넘는 이 시대를 훗날 역사는 어떻게 평가할까, 심히 두렵다. 아니 오늘을 어떻게 기록해 놓아 후대에게 제대로 전할 것인가가 더 급한 관심사다.

덫을 놓았다가 부메랑 되어 자신이 그 덫에 걸리는 일도 이런 세상이라면 다반사로 일어날 것이다. 덫을 놓고 덫에 걸리고 혼돈에 혼돈을 거듭하면서 역사는 발전해 가는 것이라고 한다면 그것은 분명 역사에 대한 모독일 게다. 일을 하다 보면 정말 아무 잘못 없이 덫에 걸리는 경우도 있을 것이고 재수 없으면 아무리 해명해도 사람들이 믿어주지 않아 증거가 뚜렷함에도 그 모함에서 빠져나오지 못한 경험이 어찌 한둘이랴.

이런 종류의 덫만 생각하던 터에 오늘 현대기술의 덫에 걸렸다. 새집으로 이사를 했는데 현관문을 여닫고 전등과 전력 코드들을 일괄적으로 제어하는 자동시스템을 도입한 설계의 집이다. 외출하려고 현관문을 열었는데 갑자기 삐익 하는 경고음이 울리더니 계속 쇳소리를 내며 웅웅거리고 작동이 멈춰 섰다.

경비원이 올라와도 원인을 찾지 못하고 관리 본부에서 기술자가 와서야 문제를 해결했다. 문손잡이 위의 어느 부분에 손이 닿으면 외부 침입자를 알리는 경고가 발령되기 시작해서 경비원이 달려오게 되어 있는 장치라는 설명이다. 도둑을 막으려는 신식 장치라는 덫에 걸린 주인의 몰골이 말씀이 아니다. 신식보다 구식이 좋다고 웅얼거리며 집을 나서는 기분이 영 개운치가 않다. 인간이 자신이 발전시킨 과학 문명의 덫에 걸려 결국 멸망의 수순을 밟을 것이라는 막연한 예상이 적중이라도 한 것 같아 석연치 않다. 제가 바보짓을 해 놓고 웬 거대담론을 쳐드냐는 일갈이 속에서 밀고 올라오면서도 섬뜩한 기분을 쉽게 돌이키기 힘들다. 손가락 하나 까딱하면 엘리베이터를 미리 불러올리고 현관문을 나서니 몸종이 따로 없다. 그야말로 현대판 마당쇠가 거기 있는 격이다. 자물통이 아닌 신식 열쇠를 몸에 지니고 문 앞에 서기만 하면 큰 대문이 스르르 열려 주고 현관문에도 그 신기한 물건을 대기만 하면 문이 열려 주니 몸종 삼월이가 더 필요할 이유가 없다.

한옥의 나무 대문에 실로 연결한 특수 장치를 해 두고 식구들끼리만 아는 곳에 그 실을 감춰두었다가 드나들 때 그것을 잡아당겨서 문을 여닫던 구식이 그리워진다. 여학교 시절 우리집 바깥 대문 아래 안쪽에 나무로 여닫이 장치를 해 두고 식구들은 대문 밑에 손을 넣어 그 걸림 장치를 살짝 비틀어 열고 드나들었다. 그 밑으로 들어오는 손을 보고 딸의 귀가를 반기던 어머니가 세상을 뜨신 지도 반세기가 지났다. 이만한 세월이 흘렀으면 안 건드릴 데를 건드려서 애꿎은 경비원을 분주하게 만드는 하프닝쯤 벌이는 게 정상인지도 모른다.

아무려나 또 어떤 덫에 걸릴지 몰라 전전긍긍하는 현대판 새집살이가 편치 않다. 어디 집뿐이랴, 핸드폰을 잘못 건드려서 영이에게 할 말을 순이에게 했다가 싸움판을 벌였다는 친구 얘기가 남의 일이란 법도 없을 테니 살얼음판을 걷는 기분이다. 호강에 겨운 말인지 모르지만, 신식도 좋다마는 구식도 괜찮더라가 여생의 주제가가 되지 말아야 할 텐데 적응력과 순발력을 어떻게 키울 것인가가 관심사 중 으뜸이 아닐까 싶다.

2019. 7. 3.

영원한 스승

태어난 순간부터 배우다가 죽는 것이 인생이라면 너무 심한 말이 되려는지 모르겠다. 본능적인 욕구를 해결하고 자신의 생명을 보존하는 방법을 터득하는 것은 동물도 역시 부모에게서 보고 배우지만 사람은 더 말할 것도 없다. 행동을 따라 하며 배우고 말을 흉내 내며 배운다. 자라면서 사고의 틀까지를 부모에게서 배운다. 자신의 판단력이 자라면서 세상만사에서 새로운 것을 계속 배운다. 오죽하면 여든 할머니가 세 살 손자에게서도 배운다는 옛말이 다 생겨났을까?

입춘이 지나고 바람 끝이 달라지면서 가슴을 슬슬 간질이던 봄은 남녘의 매화나무에서부터 전령사를 보낸다. 연분홍 매화에 운치를 보태겠다는 듯 산수유가 연노란 물감을 칠하기 시작하더니 수줍은 진달래가 분홍치마를 받쳐 입고 산 색시에게 노란 저고리를 맞추어 입힌다. 그래도 내가 가야 사람들을 화들짝 놀라 깨울 수 있다는 듯 벚꽃이 하늘을 덮으면 공연히 안절부절 꽃구경에 혼을 뺏긴다. 올봄도 어김없이 봄꽃의 손짓에 어릿광대가 되고 만다. 불광천을 일부러 걸어보며 이만하면 멀리 구경 가지 못해 안달할 필요가 없겠다면서 지방자치가 참 좋은 것이란 생각을 하며 고개를 주억거린다. 서울 어디를 가나 모두 잘 가꾸어 놓아서 어디 어디 명소를 굳이 찾아 가서 꽃구경을 할 필요가 없어졌다. 지방을 가도 경쟁하듯 잘해 놓아서 전국이 하나 같이 아름답다.

예전에는 봄에 꽃이 차례차례 천천히 간격을 두고 피어서 느긋하게 봄을 즐기고 다음 꽃을 기다리는 재미가 있었는데 언제부터인가 모든 꽃들이 한꺼번에 피어버려 정신없고 아깝다는 푸념이 지천이다. 하기야 사람들이 때를 모르고 천지 분간을 못 하는지 오래되었는데 꽃인들 언제까지 때를 알고 질서를 지킬까 보냐. 사람이 미쳐 돌아가니 꽃조차 정신을 잃고 황망하게 우르르 쫓아 나오는 것 아닌지 알 수가 없다. 꽃들이 과연 정신없이 쫓아 나와 꽃망울을 터뜨린 것일까? 진정 그들이 때를 모르고 주책없이 일찍 세상 구경을 나온 것일까? 아니다. 그들이야말로 때를 정확히 알고 정신 똑바로 차리고 정확하게 제 할 일을 하고 있을 뿐이다. 그들은 세상 사람을 위해서 꽃을 피우는 것이 아니라 자신의 후손들을 위해 혼신의 힘을 다해 열심히 제일을 때 놓치지 않고 땀 흘리며 해내고 있을 뿐이다.

사람들이야 애석해 하든 말든 꽃이 피고 날 수가 지나면 미련 없이 잎새에게 자리를 내주고 꽃잎은 꽃비로 날리는 마지막 선물을 남기고 떠난다. 잎이 나와야 나무가 살아가기 때문이다. 꽃이 진

자리에는 자연스레 열매가 맺히고 그 잎들은 그 열매를 키우느라 열심히 해바라기를 해서 양분을 만들어 낸다. 그렇게 무성해지는 잎을 녹음이라는 이름으로 사람들은 또 다른 감회를 갖고 대하게 되는 것이다. 사람들은 그렇게 우리 곁에 있는 자연에 대해 마음대로 이름을 붙여가며 즐기고 자신들의 감정에 겨워 웃고 울고 춤춘다. 그들은 자신들의 일을 열심히 하는 것으로 그 자체가 우리 사람들에게 많은 유익을 준다. 사람은 어쩌면 자연에게 항상 빚만 지고 있는 것은 아닌지 모르겠다. 물론 서로 상생하는 관계임을 모르는 바는 아니지만, 자연은 묵묵히 있는 그 자체로 우리에게 즐거움이 되는 경우가 많은데 사람은 그들을 괴롭히고 훼손하는 부분이 훨씬 많은 것 같아 미안하다.

20대 국회의원 선거가 거국적 코미디극장을 개설한 지 수개월 만에 막을 내렸다. 아니 더 웃기는 2막이 올라 더 이상 웃을 기운도 없다. 건방진 얘기지만 21대 국회는 더 기가 막히게 되는 것 아닌가 하는 걱정이 앞서는 요즈음이다. 저런 무대에 정말 필요한 인재가 가까이 가려 할까 싶은 생각에서다. 그 국회를 구경할 수 있을지도 모르면서 공연한 걱정을 하고 있는 모양새야말로 더 웃기는 코미디라는 생각에 얼굴이 굳어진다. 아직도 더 살고 싶기는 한 모양이다. 벚꽃 잎이 땅을 하얗게 덮은 남산 길을 걸으며 간간이 때늦은 꽃비를 맞는 행운을 누리는 오후다. 1주일 전에 왔을 때 만개한 벚꽃차일 밑을 걸으며 입이 다물어지지 않던 황홀경을 떠올려본다. 그래 아이를 낳아 기르며 정신없이 지날 때 그때가 바로 꽃차일 밑을 걸을 그때였지, 지금은 바로 이렇게 꽃이 다 져 가는 길을 걸을 그때쯤인 거지, 하는 생각이 들며 남은 날이 얼마쯤일까 궁금해진다.

따라 배우던 부모님도 안 계시고 여러 스승님들도 다 떠나셨지만 바로 곁에 이렇게 훌륭한 스승이 계심을 발견하는 순간이다. 그래 자연은 바로 항상 곁에 있는 영원한 스승인 것을, 그것을 모르고 오만하게 마구 흔들 수 있는 것쯤으로 홀대했음을 사과드리는 심정으로 나무를 우러러본다. 저 넉넉한 품에 안겨 세상을 한껏 사랑해 보리라. 그러기에도 모자랄 시간을 무엇이 잘났다고 누구에게 손가락질해 가며 일갈을 하겠는가? 그래, 배우자. 겸허한 마음으로 저 넉넉한 나무, 끝없는 자연에게서 배우자.

2016. 4. 16.

5

문인의 가을걷이는 창작

다시는 들을 수 없는 수필 사랑의 일간

- 수필사랑 가득 안고 평안히 가시옵소서

존경하는 이 나라 수필계의 거목 갈석 강석호 선생님!

"어, 왔어?"

투박한 그 인사 들을 수 없이 우리들만 이렇게 모였습니다. 하나님을 사랑하시고 그다음으로는 수필을 사랑하셨던 선생님, 상대방의 눈치를 살필 것 없이 소신을 말씀하시던 참 선비셨던 수필가 강석호 선생님.

일찍이 명문 진주사범학교를 거쳐 인재를 기르는 일선에서 교편을 잡으시다가 뜻한 바 있어 교육언론의 기둥 『교육평론』에 입사하여 이 나라 교육의 발전을 위해 정론을 펴시던 강석호 기자를 역사는 기억하고 있습니다.

1988년 8월에는 척박한 우리 수필계의 현실을 직시하시고 수필발전을 위해 과감히 월간 『수필문학』을 재창간함으로 우리 수필문단의 지평을 활짝 넓히신 선생님께서 바로 그 8월, 『수필문학』과 교음사의 창립 30주년 기념잔치를 해야 할 그달을 못 넘기시고 8월 30일 오전 10시에 홀연히 우리 곁을 떠나시다니요.

'한국수필문학가협회'를 창립하고 전국을 돌며 열정을 불태우셨을 때 함께 할 수 있었던 영광을 이제 추억의 장에 고이 접어 간직할 수밖에 없는 현실이 야속하기만 합니다.

'기독교수필문학회'를 만드시고 교회를 순회하며 예배를 드리고 은혜받으며 기독교 수필을 빚어내는 복 받았던 시간들이 바로 어제인 듯한데 이제 만날 수 없다는 현실이 믿어지지 않습니다. 수필문학사에서 월례회로 모이게 되면서 숫자는 줄었지만 소수 정예로 깊이를 더해 갔던 예배와 작품 합평은 새로운 충격이었습니다.

수필을 폄하하거나 편견을 갖고 있거나 너무 잘 모르고 엉뚱한 소리를 한다고 생각되는 말씀을 들을 때면 때와 장소에 상관없이 준엄하게 수필문학의 정론을 펴시던 그 열정, 그 도도한 명강의를 이제 다시 들을 수 없어 가슴에 깊이 새기며 기억할 뿐입니다.

문단 활동에도 열정을 가지셔서 한국문인협회의 수필분과회장을 거쳐 부이사장으로 봉사하셨으며 후학들의 문단활동을 적극 격려하셔서 부족한 저를 국제펜한국본부 부이사장으로 끌어올려 주신 은혜는 잊을 수 없습니다. 기대에 어긋나지 않게 일할 수 있도록 뒤 기도를 부탁드립니다.

이제 저희는 슬픈 마음을 달래고 강석호 장로님의 천국 입성을 환영하는 이 자리를 『수필문학』 창간 30주년 기념식으로 승화시키고자 합니다. 미리 예비해서 세우시고 훈련 시키신 아드님, 강병욱 발행인을 중심으로 『수필문학』을 더욱 발전시키고, 그토록 원하셨던 이 나라 수필계의 발전과 명수필을 남길 수 있는 역량 있는 작가들을 많이 배출하는 산실의 위치를 여전히 잘 지켜나갈 수 있도록 역량을 다해 매진할 것을 다짐하면서 아픔을 기쁨으로 바꾸는 기도를 드리겠습니다.

사랑하는 강석호 선생님을 떠나보내시는 유족들께도 머리 숙여 위로의 인사를 드립니다.

사랑하고 존경하는 강석호 선생님!

부디 모든 염려 다 내려놓으시고 아름다운 천국 길 가벼운 걸음으로 떠나시옵소서.

2018년 9월 1일

수필인들의 마음을 담아 오경자 올림

300호 발간을 축하하며 600호를 향한 마음을 다진다

- 지령 300호는 강석호 발행인의 뚝심 바로 그것

10년이면 강산이 변한다는데 그 강산이 세 번이나 변한 세월이다. 요즘같이 빠른 변화의 시대에 그 말을 맞춰보면 가히 서른 번은 더 바뀐 세월이 되지 않을까 모르겠다. 우리 문학의 세계도 어제가 다르게 변해 왔다고 할 수 있다. 그 변화 중 가장 두드러진 것이 유감스럽게도 책을 읽는, 아니 사는 사람이 급격히 줄어들었다는 사실이 아닐까 생각해 본다. 생각하는 것도 싫어하고 그저 시류에 밀려 빨리빨리 세태에 좇아가느라 넋이 빠진 사람들은 점점 책 같은 것을 손에 들 생각조차 안 할뿐더러 돈을 주고 책을 산다는 것은 아예 사전에서 지워버린 지 오래인 사람들이 늘고 있다.

그런 와중에 월간잡지를, 그것도 돈을 버는 재주를 가르쳐 주는 전문서적도 아닌 순수 문학잡지를 매월 발간해 낸다는 것은 미련한 사람의 타성 같은 것으로 치부되기 십상인 형편이다. 그중에서도 수필의 월간잡지를 낸다는 것은 일종의 종교 행위 같은 것이 아니고는 이해가 힘든 세상이 돼 버린 지 오래다.

이런 풍토에서 척박한 환경을 아랑곳하지 않고 창간 28년이 넘도록 결번 없이 300호를 지속적으로 발간해 왔다는 것은 기적 같은 일이다. 발행인이 큰 재력가이거나 든든한 재정 후원자를 뒤에 갖고 있다면 그야 가능할 일이지만 그렇지 않고서는 배겨내기 힘든 출판계 현황에서 기이한 일로 보일 정도이다.

오로지 수필의 정체성을 살리고 문학 장르로서의 올바른 자리매김과 수필다운 수필을 쓰는 사람들을 길러내고 키워냄으로써 그들의 터전을 만들어 주고, 진정한 수필문학의 발전이 계속되기를 바라는 오기 같은 것이 아니고서는 해내기 힘든 일을 강석호 발행인은 해냈다. 이제 앞으로 600호를 발행하는 것은 후학들의 사명이 되었다. 아니 1000호, 만 호까지 이어가는 대한민국 문학사의 큰 획을 그어나가는 것은 수필문학이 탄생시켜 이 땅의 수필문단을 살찌우게 하고 있는 우리 400이 넘는 『수필문학』 추천작가들의 엄중한 책무이다. 차 한 잔 값을 줄여 『수필문학』 월간지 한 권을 사서 친구에게 읽히는 것이 우리들의 작은 사명이다. 낙숫물이 바위를 뚫는다는 것은 비단 옛말만이 아니다. 가랑비에 옷 젖는다는 것을 우리는 쉽게 경험하며 살아오지 않는가?

작은 한 권이 모여 백, 이백이 될 때 유가지가 천 권을 넘어서기만 하면 『수필문학』은 유구한 역사를 써 내려가는 일을 그치지 않게 될 것이다. 이렇게 발간 경비가 해결될 때 발행인은 힘을 내서 더욱 좋은 책을 만들게 될 것이고 이런 연결고리가 정착될 때 비로소 『수필문학』은 끄떡없이 이 땅의 수필문학 발전을 위한 선봉장의 자리를 굳건히 지킬 수 있으리라고 본다. 수필의 문학성이 어쩌니저쩌니 장르가 어쩌니 하는 시답잖은 논쟁을 잠재울 수 있는 첩경도 바로 거기 있음이다.

수필 한 편 제대로 못 쓰는 문인들이 장르가 어떻고 수필은 문학이 아니고 어쩌고 하는 소가 웃을 묵은 논쟁을 입에 담는 문사들의 기를 꺾는 것은 말이 아니라 우리가 좋은 수필을 발표하는 일이라고 생각한다. 그동안 우리나라 수필문학 발전에 크게 기여해 온 『수필문학』의 업적은 문학사에 기록되리라 믿는다. 이러한 우리의 터전을 굳게 지켜내서 앞으로 문학을 사랑하는 많은 사람들에게 큰 나무 그늘을 만들어 줌으로써 이 나라 문학 발전과 그를 통한 평화로운 민족성의 유지 발전도 지켜나가는 귀한 첨병이 될 것을 믿어 의심치 않으면서 『수필문학』의 300호 출간을 진심으로 축하드린다. 월간 『수필문학』과 도서출판 교음사의 무궁한 발전을 빌며 우리 수필인들, 특히 『수필문학』 추천작가들의 건필을 바라 마지않는다.

2016. 10. 5.

만년 청년 구름카페 사장님

기록은 깨라고 있는 것이라는 말을 듣고 그 도전 정신에 감탄한 적이 있다. 선입관도 깨라고 있는 것이라고 말하면 아마 말장난이라고 할지 모르겠다. 요즘이야 옷을 입는 데 있어 나이가 고려되지 않는 경우도 많고 남녀 옷까지 구별이 없어 신사복 스타일의 옷을 멋 내기 옷으로 여자가 입는가 하면 와이셔츠나 넥타이까지도 이미 남성의 전유물이 아닌지 오래되었다. 아직 남자가 치마를 입지 않는 정도의 금기가 존재하고 있다 함이 맞을 듯하다.

하지만 직업이나 하는 일, 때와 장소에 따라 옷을 다르게 입는 경우가 많다. 예술가들은 예전부터 비교적 이런 틀에서 좀 자유스럽긴 해도 아주 벗어난 경우는 그리 흔치 않은 일이다.

청바지라고 하면 우리나라에서 즐겨 입기 시작한 지 꽤 세월이 흘렀다고는 하나 아직도 평상복으로 자리 잡지는 못하고 있다고 봄이 맞을 것 같다. 편안하게 입을 수 있어서 야외 활동을 할 때나 놀러 갈 때 편한 옷 등으로 아직은 우리 생각 속에 격식 있는 자리에는 금기로 되어 있는 그런 옷이다. 작업복으로는 그만한 것이 없고 여름에도 그 두꺼운 청바지는 오히려 시원하다. 그럼에도 불구하고 항상 입을 수 있는 옷은 아니라는 선입관에 갇혀서 일상복의 자리를 아직은 차지하지 못하고 있는 옷이다.

이런 청바지를 반세기 가까이 고수하고 계신 분이 윤재천 선생님이시다. 윤 선생님의 근엄한 이미지와 전혀 어울리지 않는 이 옷이 어떻게 윤 선생님의 상징처럼 자리 잡고 있는지 알다가도 모를 일이다. 좁은 소견에 떠오른 생각은 '아아 선입관은 깨지라고 있는 것이로구나.' 하는 객쩍은 생각이 들면서 윤 선생님의 자신감과 자유에 대한 열망이 그런 옷 입기를 자연스럽게 지속시켜 준 힘이었음을 깨달았다.

속칭 점잖은 자리에 청바지를 입고 갈 수 없음은 무례한 사람으로, 아니면 때와 장소에 따라 옷 하나 제대로 입을지 모른 무식한 사람이라는 비아냥이 두려워 청바지는 아예 입을 생각을 못하는 것일 테다. 심지어 야유회를 다녀온 날 저녁에 격식 있는 모임이 있다면 그 저녁 모임에 맞는 옷을 싸 들고 갔다가 갈아입고 참석하기 일쑤이다. 아니면 옷차림 때문에 아예 불참을 감행하기도 한다.

옷 입기나 입은 옷을 가지고 이러쿵저러쿵하는 것은 웃어른에 대해서는 더없이 무례한 일인 줄 알면서도 윤 선생님을 떠올리면서 지극히 자연스레 밀고 올라온 생각이니 너무 꾸짖지 말아 주셨으면 좋겠다.

윤재천 선생님을 처음 뵌 것은 시문회 모임에서다. 특강을 해 주십사 모신 자리였는데 청바지가 신선한 인상으로 남았다. 그러나 그것은 중요하지 않았고 그날 선생님께서 해 주신 말씀이 그 자체가 문학이구나 할 정도로 가슴에 남았다. 어렵고 거창한 것을 쓰는 것이 아니라 작은 것이라도 치열하게 써야 한다는 말씀은 글쓰기를 두렵게 했고 원고지 앞에 앉으면 선뜻 칸을 메워 나가기 힘들었다. 작은 일도 치열하게 쓴다는 것은 좀처럼 쉬운 일이 아니어서이다.

윤 선생님은 정년을 계기로 그야말로 치열하게 수필 사랑에 온몸을 바치는 큰 걸음을 걷기 시작하셨다. 현대수필을 창간하시고 제자들을 본격적으로 기르시며 수필계에 새바람을 불어넣으셨다.

수집가이신 선생님은 여러 가지 소장품 중에 1만 권 이상의 애장 도서를 대구에 개관한 한국수필 문학관에 쾌척하셔서 후학들의 문학 연구를 돕는 실천적 행보를 하셨다. 윤 선생님은 오늘도 구름카페를 열어 놓고 많은 수필인들이 제대로 수필 한 편 치열하게 빚어내기를 갈망하고 계신다. 청바지가 잘 어울리는 카페 주인을 잘 따라가다 보면 어느 날 제대로 된 수필 한 편 구름카페 서가에 보탤 수 있으려나 모르겠다. 타고 난 바탕이 워낙 빈약하다 보니 언감생심 꿈꾸기 힘든 일이겠지만 구름카페 언저리를 맴돌다 보면 향긋한 커피 향 한 줌 묻혀 올 수는 있지 않겠는가?

대학 교정에서도 이렇게 청바지가 잘 어울리는 청년을 만나본 기억이 없는 것 같은데 철 따라 질감이 다른 청바지만으로 한껏 멋을 뿜어내는 윤재천 선생님은 과묵하셔서 근접하기 좀 힘들게 느껴지면서도 어딘지 미소 띤 것 같은 표정 때문에 가벼운 장난기가 묻어나는 것 같기도 해서 한없이 친근감이 가는 그런 어른이시다. 어떤 때는 괜히 응석을 부리고 싶어지는 그런 분이기도 하다.

수필을 사랑하시는, 청바지가 잘 어울리시는 만년 청년 윤재천 선생님, 구름카페 사장님께서 미수의 나이라니 믿어지지 않지만, 이 귀한 책에 말석이라도 축하를 보탤 수 있어 영광이다. 부디 건강하셔서 백수 축하를 받으시기 바라며 그래도 구름카페에 초청되는 행운을 누리고 싶다.

2018. 6. 29.

반세기

요즘은 백세시대라고 해서 100년이 별거 아니게 느껴질지 모르겠으나 1세기의 세월은 대단한 것이다. 강산이 10번 바뀌는 이 기간 동안 세상은 엄청나게 많이 바뀐다. 백년해로하라는 덕담 속에 혼인한 부부가 그 절반인 50년을 함께 사는 게 얼마나 희귀했으면 금혼식이라는 큰 잔치를 벌이겠는가.

수필문단의 별 하나 스러졌다

인생은 유한한 것인지 알지만 믿고 싶지 않은 소식이 날아왔다. 부산 수필의 지킴이를 넘어 우리 수필 문단의 별이셨던 이병수 선생님의 타계 소식은 충격이었다. 구순을 넘기신 연세에다 입원하셨다는 소식을 들었으나 내과적 질병이 아니라 허리 때문에 치료받고 퇴원하셨다기에 마음 놓고 있다가 받은 부음이라 놀랍고 후회스러웠다. 아무리 연말에 바빠도 내려가려던 계획을 강행했어야 했는데 위문이 폐문이니 어쩌니 하면서 차일피일하던 일이 부끄럽고 한스럽다.

이병수 선생님은 평생을 교직에 몸담고 계시면서 훌륭한 후학을 많이 길러내셨다. 전직 대통령의 스승이기도 한 선생님은 교직뿐 아니라 고향 일에 팔 걷고 앞장서셨다. 경상남도 산청군 생비량면에 공덕비가 섰을 정도이니 더 무슨 설명이 필요하랴. 그 비의 제막식에 내려갔던 게 엊그제 같은데 벌써 10년이나 지났으니 세월이 화살 같다는 옛 사람의 말이 새삼스럽게 가슴을 친다.

이병수 선생님은 10권이 넘는 수필집을 내실 정도로 열심히 쓰신 부지런한 수필가 중 한 분이시기도 하고 교직의 경험을 중심으로 한 글 이외에도 세상사 다방면의 글감들을 두루 섭렵하시며 쓰고 또 쓰셔서 부산펜문학상을 수상하시기도 했다.

연전에는 수필의 날에 올해의 수필인상을 수상하는 영광도 안으셨는데 이 선생님의 공로에 걸맞은 상이었다. 수필 문단에 들어오셔서 30여 성상을 지나시는 동안 수필문학추천작가회 회장을 역임하시고 부산수필문학회를 창립하셔서 『수필 21』이라는 제호의 동인지를 꾸준히 발간해 오신 저력을 지닌 어른이셨다. 30년 한 세대가 어디 짧은 세월이던가? 요즘에야 KTX가 생겨서 부산에서 서울이 네다섯 시간 거리로 줄어들었지만, 예전에는 당일에 오르내리기가 불가능한 교통 상황인데도 불구하고 『수필문학』 서울 행사에 단 한 번도 거르지 않고 개근을 하셔서 서울 회원들을 무언으로 독려하신 선생님이셨다.

지방 회원들 형편을 감안해서 대개 오후 4시에 행사를 시작하는데 이 선생님은 이른 기차를 타시고 일찍 오셔서 여러 가지 문제를 함께 걱정하고 살피시며 담소를 잊지 않으셨다. 그리고는 행사 후 저녁 식사를 마치며 서울 회원들도 서둘러 발길을 돌리고 집으로 가는데 이 선생님은 노래방에까지 함께 가셔서 구성지게 흘러간 옛 노래를 신명나게 부르셔서 회원들을 즐겁게 하셨다. 춤도 함께 추시며 분위기를 맞추시는 멋쟁이 젊은 오빠 이병수 선생님은 이렇게 시간을 알뜰히 쓰신 후에 따님댁으로 가셔서 주무시고 이튿날

부산으로 내려가시는 게 일정이었다.

그러다가 따님이 지방으로 내려간 후에는 야간열차 막차를 예매해 오셔서 느긋하게 서울역으로 향하셨다. 내가 할 수 있는 일은 그럴 때 선생님을 서울역까지 모시고 가서 배웅하는 것이 고작이었다. 그나마도 우리 시아버님 건강이 안 좋아지시면서부터는 너무 늦은 귀가가 어려워져서 그 일조차 못 하게 되어 얼마나 죄송했는지 모른다. 노래방에서 즐기시는 선생님께 방해가 될까 봐 살그머니 빠져나와 집으로 가면서 죄송하다는 말만 주문처럼 중얼거리곤 했다.

부산에 노래방이 없을까? 회원을 사랑하는 마음이 선생님을 끝까지 함께하게 한 지남철이 아니고 무엇이겠는가? 선생님은 평생 내신 수필집 10여 권 전부를 단 한 권도 빠지지 않고 모두 교음사에서 출간함으로써 『수필문학』을 도우신 것 또한 길이 남을 일이다. 속이 깊고 배려심 많으신 이병수 선생님, 나이 어린 회원들에게도 깍듯한 경어를 잊지 않으시는 단아한 선생님을 이제 더 이상 만나 뵐 수 없고 "오 회장 수고 많지요?" 하시던 격려의 말씀, 그 다정하고 속정 깊은 음성을 더는 들을 수 없다는 것이 눈시울을 적시고 목을 메이게 한다.

수필계의 별이 또 하나 스러졌다. 지난여름 강석호 회장을 잃은 데 이어 연이어 몰려온 이 상실을 어떻게 감당해야 할지 다리가 휘청거린다. 이제 우리가 생전의 모습을 기억하면서 귀감으로 삼고 수필계를 위해 헌신하는 것이 선생님 영전에 바칠 유일한 작별의 인사인 것 같다.

이병수 선생님, 저희가 부족하지만 뜻을 잘 받들어서 한국수필문학가협회도 잘 이끌고 나가겠습니다. 부디 모든 고통 다 잊으시고 낙원에서 편안히 쉬시옵소서. 존경합니다. 사랑합니다. 안녕히 가십시오. 이병수 선생님!

2019. 2. 4.

2017년 수필의 날 세미나 참가기

– 연암의 수필정신은 법고창신(法古創新)

오늘도 여전히 찐다. 아침부터 이러니 한낮에는 어떠할지 짐작이 가고도 남는다. 이렇게 더운 여름날 말을 타고 가며 썼다는 「일신수필」을 다시 한번 곱씹는 아침이다. 한두 마디로 평가하기 힘든 연암이라는 거목이 열하일기 중에 「일신수필」을 쓴 날인 7월 15일을 기념해서 이날을 수필의 날로 정하고 세미나를 하며 축제를 벌여 온 지 어언 10년 세월이 넘었다.

2006년 7월 15일 제1회 수필의 날 지정 기념세미나가 서울 YWCA 강당에서 개최되었으니 정확히 11년째이다.

해마다 여름의 낭만도 즐기고 여러 지방 문우들의 사기진작 등을 감안하여 바다로 산으로 멀리 나가던 여름 세미나였으나 버스 사용료를 비롯해 모든 물가가 많이 올라서 비용부담이 만만치 않아, 올해는 서울에서 알차게 연암을 조명하는 일에만 초점을 맞추는 일로 만족하기로 했는데 마침 좋은 주제가 나오고 가계수필 주제가 제안되어서 두

개의 주제를 갖고 세미나를 개최하게 되었다.

오전 11시에 시작할 행사를 위해 10시 조금 넘어 행사장에 들어서니 벌써 지방 회원들이 많이 도착해 있었다. 먼데 분이 먼저 오는 것은 오늘도 예외가 아니어서 좀 미안했다. 부산의 이병수 회장님이 노익장을 과시하며 글벗들과 담소하시는 모습은 참 보기 좋다. 광주, 춘천, 강릉, 충북, 부산, 진주, 수원, 성남, 대전, 충남, 전북 등 전국 각지의 글벗들이 그야말로 원근 각처에서 모여왔다. 이외에도 남강문학회, 여울문학회, 이음새문학회 회원들과 시문회 회장 등이 참석하여 자리를 풍성하게 했다. 행사를 준비하는 동안 회포를 푸는 모습들이 마치 어린애처럼 천진하고 맑아 보였다.

수필의 날 제정의 의의를 소개하고 오늘 세미나의 의의를 요약한 강석호 한국수필문학가협회 회장의 개회사를 시작으로 세미나는 문을 열었다. 월간 『수필문학』을 30년 동안 이끌어 오면서 한 번도 결호 없이 발간을 계속해 온 강 회장은 수필의 열정으로 똘똘 뭉친 수필계 원로답게 연암을 함께 만나는 의의를 열정적으로 토로하는 개회사로 불을 지폈다.

연암의 수필 세계에 대해 주제 발표에 나선 김인환 고려대학교 명예교수는 국문학자답게 연암의 다각적인 조명을 바탕에 깔고 그의 전면을 탐색해보는 시간을 갖게 해 연암을 깊이 있게 만나는 자리를 마련하는데 성공적이었다. 연암의 문학 세계를 섭렵한 후에 연암의 수필 정신을 연암의 실학적 농사법으로부터 조명하여 법고창신(法古創新)이라는 한마디로 결어를 삼아 극적 효과를 과시했다. 대개 이럴 경우 법고창신으로 시작해 그것을 이렇다 저렇다, 해설

하고 설명하는 것으로부터 전개하기 일쑤일 텐데 그는 달랐다. 연암 정신을 조명하고 심상한 듯 결어로 한마디 던지는 것으로 강렬하게 메시지를 쏘고 자리를 떴다.

강한 메시지의 여운이 채 가시기 전에 연암의 수필 세계에 대한 발제가 이어졌다. 오늘 세미나의 주제 「연암을 만나다」, 연암의 수필 세계는 참가자 전원의 가슴에 깊이 파도쳤다. 냉방 온도도 시원했지만 모처럼 시원한 발표들의 묘미에 흡족해서 더위를 느낄 새가 없었다.

이어서 이유식 교수의 가계수필이라는 새로운 글쓰기 세계의 소개를 주로 한 '가계수필의 새 장르'라는 강의를 듣고, 실제로 아버지의 일대기를 쓴 『신원확인』 저자인 필자의 경험담과 역사수필을 쓰는 입장과 잘못된 역사적 사실을 자료 첨부해 건의해서 바로 잡은 실제 상황과 쓰면서 경험을 소개한 최중호 회원의 발표에 이어 연암을 좀 더 깊이 아는 데 도움을 주고 싶어 애태우는 서경희 회원의 발표를 듣고 열띤 세미나는 막을 내렸다. 한국문학신문의 임수홍 사장은 직접 취재에 열을 올리는 열정을 보여주어 고마웠고 국제펜한국본부 손해일 이사장이 축하 메시지를 들고 참석하여 자리를 빛내 주었다.

이어 연암문학상 시상식이 열렸다. 광주의 이정심 회원이 영예의 연암문학상을 수상하는 영광을 누렸다. 축하하면서 참가자 전원 사진을 찍고 지하 식당으로 내려가 맛있는 점심을 함께하며 더위도 날려 버렸다. 예정대로 창경궁으로 이동하여 문화 탐방을 했다. 이 더위에 무슨 고궁이냐고 할지 모르지만 진지한 회원들의 탐방은 더

위쯤 무색하게 녹여 버릴 정도로 뜻깊은 자리였다.

생각보다 많은 회원들이 홍화문을 나서며 활짝 웃는 것으로 작별을 고했다. 오늘은 더위를 이긴 날이다. 광장시장으로 가서 음식 관광을 하기로 한 일정 대신 대학로로 가서 시원한 맥주 한잔 들이키고 고소한 치킨으로 뒷맛을 음미했다. 요즘 대세라는 치맥 족에 한 이름 올리고 자리를 뜰 줄 모르게 이어지는 입담에 여름 초저녁은 어스름이 짙어 갔다. 일단 폐회를 선언하고 일행을 해방시켰다. 성질 급한 사람은 지하철 계단에 발을 들이밀고 이태백과 학생들은 슬슬 꽁무니를 빼더니 대학로 깊숙이로 빨려 들어가고 있다. 저들의 과대표는 아마도 이웅재 회장이리라. 오늘 좌장을 맡아 매끄럽게 세미나를 진행하신 노고를 저들은 밤늦도록 위무할 것이다.

연암 선생님

애써 쓰는 글이 법고창신에 채 못 미치더라도 너그러이 보아 주시고 내년 오늘 다시 만날 때까지 안녕히 계십시오. 요즘 나라가 어수선하니 그곳에선들 편하시기야 하시겠습니까만은 그래도 몸 조심하시고 후손들 잘 지켜봐 주시옵소서.

수필을 통한 국가 사회 발전의 염원을 담고 있는 여울문학회

고려대학교 평생교육원은 1995년 개원하면서 문학반을 개설하였다. 수필을 비롯하여 시, 소설을 함께 개설하여 잘 운영함으로써 평생교육원 중의 문학교육 메카로 자리매김되었다. 오늘 그중의 수필 창작반의 동인 모임인 '여울문학회'를 소개하고자 한다. 매주 수요일에 수필 창작 심화반, 목요일에 수필 창작반을 운영하여 수필 창작의 체계적인 교육에 힘을 쏟고 있다.

초기에는 수필을 쓰기 시작하는 분들이 강의를 듣는 것으로 만족했지만 등단을 하고 난 후에도 지속적인 글 모임을 통해 지속적 발전을 하고자 하는 열망에 부응하여 심화반을 더 개설하여 운영한 지 10년이 넘는다. 이제 창작반이나 심화반이나 연조가 깊어진 회원들이 고르게 많아 두 반이 단계적 반 편성이라기보다 요일에 맞는 사람이 수강하기 편하게 올 수 있는 그런 의미가 더 강해진 형편이다.

새로운 것을 수년간 배운다는 것이 잘 이해가 안 될지

모르지만 글쓰기라는 것이 평생 작업이다 보니 수준 맞는 글벗들끼리 서로를 격려하며 상대방의 글을 보고 함께 합평하고 퇴고하는 과정에 지도 교수의 평가를 곁들인 이론적 접근은 매우 유익한 성과를 보이며 진행 중이다. 이런 수업은 수업 참가자들의 뜨거운 열의 없이는 성공하기 힘든 법인데 1주일에 한 편씩 꼭 써서 들고 오는 열정이 교실의 열기를 더하게 하며 진지하게 진행 중이다.

매년 2학기가 끝나면 한 해를 결산하는 동인지 『여울』을 엮어낸 지 20년이 다 돼 간다. 처음에는 『여울』이라는 제호로 엮어내다가 수년 전부터는 수록 작가들의 작품 중 좋은 제목을 골라 책 제목을 삼는 형식으로 발간해 오고 있다. 동인들의 총 수효는 100명을 뛰어넘지만, 현재 함께 책을 엮어내며 활동하는 회원은 수강자 중심으로 운영하고 있는 형편이다. 지속적인 문단 활동을 원활하게 뒷받침하고자 대부분 『수필문학』을 통해 등단하여 문단 활동을 함께 하고 있다.

저서들을 낸 작가들도 많고 장애를 딛고 문단에 우뚝 서 저서를 펴냄으로써 장애인들에게 희망을 주고 있는 회원도 있다. 그뿐 아니라 소설을 2권씩이나 집필한 중견도 있다. 여러 권의 수필집을 상재한 수필계의 중진도 있고, 화가도 있고, 사진작가도 있어 작품세계가 다양하고 풍요로운 특징을 갖고 있는 동인 모임이라 하겠다.

고려대학교라는 큰 울타리가 길러낸 훌륭한 수필가들과 함께 하는 교실은 가르치고 배우는 경지를 넘어 함께 심도 있는 수필 쓰기를 위해 정진하는 용광로 같은 곳이다. 고려대학교가 손익계산 따지지 않고 반을 계속 개설해 준 덕택에 오늘의 발전이 있음을 생각할 때 고마운 마음 다 표할 길이 없다. 앞으로도 대학의 사회적 사명을 다하는 차원에서 계속적으로 이런 반을 개설하고 지원해 주기 바라는 마음 간절하다.

수필을 통한 문학 발전과 더 나아가서는 국가사회 발전을 염원하는 동인들의 열망을 담아 여울문학회는 큰 여울로 발전해 나갈 것이다.

2017. 4. 12.

오랜만에 뵙는 우향 선생님

축제는 역시 좋은 것이다. 자주 보는 사람도 있고 몇 년 만에 만나는 사람도 있어 더욱 기쁘고 들뜰 수 있는 기분 좋은 축제였다. 매년 한 번씩 치르는 행사이지만 그때마다 새로운 것은 마음을 열어놓은 덕택일 것이다. 전국의 수필인들이 한자리에 모여 하룻밤을 함께 지새우며 벌이는 문학축제는 해마다 깊이를 더해 가며 의미 있는 문학잔치로 자리매김되어 간다.

올해는 충청북도에서 초청해 그 판을 벌였다. 금년에 새로 뽑힌 한국문협 권남희 수필분과회장이 준비한 행사인데 오랫동안 전임 지연희 회장과 손발을 맞춰왔던 터라 생소하지 않게 일을 잘 치러나가는 솜씨가 안정감이 있어 좋았다.

안정감 있게 진행하는 것은 오래 해 오던 일이라 자신감이 있어 그랬을 것이고 느긋하고 여유 있게 즐길 수 있어 좋았다. 서울을 출발해서 행사장에 오는 길목에 운보의 집을 찾았다. 아주 오랜만에 우향 박래현 선생을 만날 수 있어 얼마나 기뻤는지 모른다. 한 방 가득 우향 선생의 독사진으로만 병풍을 만들어 배치한 것은 운보 선생의 유언이었나 싶은 생각이 들어 마음이 처연해졌다.

운보 선생 가신 후에 처음 들렀을 때는 공연히 마음이 심란하고 텅 빈 것같이 느껴져서 마음이 안 좋았는데 오늘은 운보와 우향, 그야말로 운명의 두 내외분이 정답게 머물러 계시는 것 같은 착각이 들 정도로 마음이 편안하다. 우향 선생님 독사진 병풍 덕이다. 똑같은 차림의 한 장 사진을 여러 장 배열한 디자인은 인상적이다.

대청마루에 들어서니 운보 선생의 음성이 울리는 듯하다. 뒤뜰이 내다보이는 마루 뒤편으로 창가에 길게 누운 나무 조각의 고기 비늘이 살아 움직이는 것 같다. 운보 선생의 안목이니 저런 작품을 후대 사람들에게 보고 가게 해 주셨구나 싶다.

지하로 내려가니 운보 선생의 역작 중 하나인 우리나라 사람으로 그린 예수님 일대기가 살아 움직이는 듯 방 가득 채워져 있다. 태어나서 승천하실 때까지의 일대기를 한국 의상과 우리 산천으로 그려 놓았다. 오랜만에 만난 우향 선생을 조금 더 가까이 만나고 가야 할 것 같아 무릎에게 양해를 구해가며 계단을 올라 두 분 유택 앞에 섰다. 우향 선생님의 따뜻한 마중 소리가 들리는 것 같고 우향 선생을 떠나보낸 후 우향은 행복한 사람이라며 위로차 방문한 우리들을 오히려 다독이던 운보 선생의 더듬거리는 음성이 귀에 선하다.

미술관으로 들어서니 굵은 화필의 그림이 시원하게 객을 맞는다.

이곳에 내려와서 얼마 지나지 않아 찾아뵈었을 때 대걸레로 빗질하듯 화폭을 채우던 모습이 겹쳐 지나간다. 아 그 시절 그림이구나 싶으니 운보 선생이 살아 계시는 착각에 잠시 빠지는 것 같다. 인생은 짧지만, 예술은 길다는 말은 옛말만이 아니다.

그래 이분들은 그림으로 인류사에 한 점 큰 획을 긋고 가셨다면 우리는 글로 무언가 유익한 일을 해 놓고 떠나야 한다. 그것이 이 세상에 문인으로 살다 가는 사람의 도리일 것 같다는 생각이 새삼스럽다. 그래 어떻게 하면 한 편이라도 심금을 울릴 수 있는 글을 남기고 떠날 것인가, 어쩌면 우리 모두 그 길을 찾아 나선 구도자의 기분으로 오늘 여기 모인 것 아니겠는가? 축제는 그런 거사를 위한 신풀이의 일종이다.

4차 산업혁명 시대에 살고 있는 우리는 어떤 수필의 변신을 꾀해야 할 것인가의 화두를 놓고 뜨거운 논쟁을 벌이며 미래를 향한 힘찬 발걸음을 내딛기 위한 몸부림으로 세미나는 아쉬운 막을 내리고 가슴을 밀고 올라오는 끼를 주체할 수 없어 삼삼오오 뭉쳐 흩어졌다. 노래방으로, 술 한 잔 더 마실 곳을 찾아서. 우리 같은 묵은 사람들은 슬며시 호텔 방문에 열쇠를 꽂고 행여 들킬세라 방안으로 숨어들어 잠자리를 찾는다.

날이 밝으면 직지와 충주 무술 축제의 준비 현장을 만나러 가는 일정이 기다리고 있다. 우리도 더 좋은 행사를 위해서 고민을 해야겠다. 이제 자리가 잡혀가고 있는 수필의 날 행사가 본래의 취지를 더욱 살리는 일만 첨가하면 그야말로 금상첨화가 될 것 같다. 연암에서 우리 수필의 연원을 찾아보자던 본래의 의도가 한마디도 소개

되지 않은 '수필의 날'은 본말이 전도된 것 같다는 아쉬움이 떨쳐지지 않아 안타까웠다. 당초 「일신수필」의 시작 날인 7월 15일로 정했던 날짜야 너무 더워 봄으로 바꿨다 하니 수긍한다 하더라도 연암을 조명하는 연혁은 없애서는 안 될 일이다.

어떻게 하면 그 효과를 낼 수 있는 프로그램을 개발할 것인가 생각은 꼬리를 무는데 묘안이 떠오르지 않아 눈만 말똥거려져 좀체 잠이 청해지지 않는다. 모여서 의논하자. 틀림없이 좋은 방도가 찾아질 것이다. 반가웠던 얼굴들을 떠올리니 입가에 미소가 번진다. 그래 뜻을 모으면 안 될 일이 무에 있으랴. 내년에는 적극적으로 참여해서 연암과 함께하는 '수필의 날' 본연의 창립 뜻을 살려내 보자.

우향 선생의 병풍을 떠올리며 잠을 청한다.

2019. 6.

『은향』은 은평의 자존심

여기가 옛날에는 어떤 곳이었을까? 그 유명한 OOO는 어디서 살았을까? 이 돌은 범상치 않은데 대체 무슨 돌일까?

우리는 주변에 대해 이런 궁금증이 생기는 경험을 한두 번쯤은 하고 살아간다. 왜 옛일이 궁금할까? 오늘의 나는 어딘가로부터 연결되어왔다는 잠재의식에서 비롯된다고 생각한다. 크게는 나라의 역사에서부터 작게는 내 마을의 유래 같은 것이 알고 싶어지는 것이다. 그리고 마땅히 알아야 한다. 오늘은 어제를 근거로 있는 것이고 내일은 오늘에서 비롯되기 때문이다.

우리 은평구는 우람한 북한산 자락인 데다 봉산, 덕산, 앵봉산, 백련산 등에 감싸 안긴 아름다운 곳이다. 게다가 마을마다 전설을 지니고 있을 정도로 문화유산이 많은 곳이다. 이런 고장의 어제를 널리 알리고 보존하기 위해 은평향토사학회가 조직되고 자랑스런 유적들과 마을의 내력,

이곳에 살다 가신 인물들을 발굴하고 조명하여 전문적인 논문으로 다듬어 한 권의 책으로 묶어 내기 시작한 『은향』(恩鄕)이 어느새 13집을 발간하게 됐음은 매우 감개무량한 일이 아닐 수 없다.

학회의 창설 주역 중 한 분인 박상진 회장은 역사학자로서 은평의 구석구석에 흩어져 있는 역사를 찾아내어 소개하고 중요 자료를 논문으로 발표하여 오늘의 은향으로 발전시켜왔다. 일반 기사 수준이 아니라 전문적 논문으로 편집된 『은향』은 은평의 자랑이다.

이제 중학생이 될 나이가 되었으니 더욱 발전하여 은평의 더 큰 자존심이 되기 바란다. 아울러 은평향토사학회의 활동이 더욱 활발해지기를 기원하며 『은향』 13집의 발간을 진심으로 축하드린다.

2016. 3. 14.

강석호의 오경자 수필론

그의 문체는 자상하면서도 날카롭다. 하나의 전제를 두고 논리적으로 빈틈없는 언어를 조립함으로써 허술함을 보이지 않는다. 용어는 비교적 표준어를 쓰면서 간혹 실감나고 산뜻한 사투리와 유머적 명언을 써서 경색된 문장에 생기를 불어넣는다. 소재 발견의 기발성과 일반론 속에서 발상의 전환을 꾀하고 서간문체의 문답 형식을 취하는 기교와 역량이 대단하다.

수필은 시적 서정성에 서사구조를 필요로 하고 거기다 약간의 지식정보를 더하는 것이 그 특징이다. 원래 수필은 개인적이고 주관적인 느낌이나 감동 위주의 수필, 객관적이며 사회적인 논리 위주로 분류되지만 요즘 우리 수필, 특히 문학 수필은 후자보다 전자에 경도되어 있고, 그것이 우리 한국 수필의 특징이라고 볼 수 있다. 어느 쪽으로 경도되느냐는 개인적인 재능과 독자성에 기인한 것이지 그것으로 수필의 질이 결정되는 것은 아니다.

오경자의 수필은 개인적이고 주관적인 소재이면서 서정보다 서사 쪽에 치우쳐 있는 느낌이다. 서사는 소설의 전유물같이 되어 있지만 수필도 서사가 있어야 재미가 있는데 서사의 구성에 뛰어난 재질을 보여주고 있다. 이는 앞에서 언급한 바와 같이 유창한 언어 구사와 임기응변적 자질을 남달리 타고난 데다 정치 사회적 업무에 종사한 경험과 교수로서의 직업에 길들인 결과가 아닌가 한다.

또한, 사회적이고 법률적인 소재를 다루면서도 그 언어 구사가 부드럽고 순악함을 지니고 있는데 이는 그 생래적 심성이 부드럽고 조신한 가정환경으로 무장되어 있기 때문이 아닌가 한다.

그의 문장 구성은 대부분이 연역적이다. 기승전결의 순서를 따르는 것을 원칙으로 하고 결론(結論)이나 반전(反轉)을 서두에 놓는 기교를 함부로 부리지 않는다. 그러다 보니 문체가 평온한 반면 작품을 처음부터 끝까지 잘 읽지 않으면 서사구조를 쉬이 파악할 수 없고 서두의 문장만을 통하여 그 내용을 짐작할 수 있는 독서의 능률적 기교가 없는 것이 아쉬움으로 남는다. 또 어떤 부분은 생략과 승화의 기법을 떠나 너무 자세한 설명으로 지루한 감을 주는 폐단이 있음을 지적해 두고 싶다.

「법당을 이고 앉은 여자」는 전등사를 지을 때 대목이 절 아랫동네 주막집 여인과 눈이 맞아 공임을 받는 대로 여인에게 맡기고 사랑했는데 어느 날 그 여인이 줄행랑을 쳐버렸다. 대목은 눈이 뒤집히고 몇 날 몇 밤을 일손을 놓고 분노를 삭이다 못해 나무로 그 여인의 나상을 깎아 대웅전 기둥돌 위에 앉히고 평생을 무거운 절을 이고 있게 했다는 전설을 소재로 했다. 이에 대해 저자는 옛 우리 사대부들은 한집에 어엿이 첩을 들여놓고 살면서도 투정 한마디 못하게 했다며 여인들의 억울함을 대변하고 있다.

또한, 파리 노트르담성당의 뒷면 추녀 끝에는 여러 개의 물받이가 질서정연하게 줄지어 서 있는데 그중 한 개는 목을 내밀고 있다. 그것은 신부의 목이다. 재정 책임을 진 신부가 부정을 하여 그것을 토해내는 상징으로 그렇게 만들었다는 이야기다. 동서양의 변심한 자에 대한 징벌의 사례를 들어 재미있게 구성했다. 변심한 여인보다 청렴해야 할 신부의 비행에 초점을 맞춤으로써 여권신장을 대변하는 쪽이 강한 글이다.

6

5월은 여전히 희망이다

수확을 잘 정리한 보화

사람이 한세상을 사는 동안 크고 작은 일들을 많이 하고 살지만, 그것들을 잘 정리해서 남기기란 그리 쉬운 일이 아니다. 글을 쓴다는 일은 그 자체만으로도 선뜻 쉽게 접근하기 힘든 일인데 그 일을 용기 있게 시작해서 성취해 내고 문인으로 등단해서 우리나라 문단의 중추적 역할을 감당하기 시작한 우리 여울 동인들이 여기 또 한 권의 책을 엮어 세상에 내놓는다.

평생교육이 우리나라에서 실시되기 시작할 때 그 선도적 역할을 담당했다 할 수 있는 우리 고려대학교 평생교육원이 창립 당시부터 개설했던 수필창작반이 오늘까지 꾸준히 정진해 오고 있는 것에 대해서 항상 뿌듯하게 생각할 뿐만 아니라 우리의 자긍심이기도 한 상징적인 과정 중 하나이다.

이제 평생교육은 잠시 들러서 여가를 활용하는 단기 과정이 아니라 그야말로 평생을 함께 한 길을 걸으며 생의 중요한 한 부분이 되는 추세인데 그런 면에서 우리 수필창작반이 그 선도적 역할을 해 주었다고 생각한다.

문단의 중견으로 발돋움하고 있는 선배와 글쓰기를 갓 시작한 후학들이 한데 어울려 서로 보듬어 안고 격려하면서 글밭을 풍요롭게 하고 세상을 밝히는 일에 일익을 담당하는 모습이 매우 고무적이다.

그 결실로 올해도 거르지 않고 어느새 19번째 여울을 묶어 내시게 된 데 대해 진심으로 축하드린다. 거둔 열매를 잘 정리해 놓는 것은 그야말로 보화를 만드는 것이기에 기쁜 마음 금할 길 없다. 민족을 먼저 생각하는 고려대학교의 건학 정신에 비춰 볼 때도 문학이 민족을 살리는 일의 큰 지킴이가 될 수 있다는 관점에서 수필창작반의 무궁한 발전을 위해 성의껏 관심을 갖고 지원하고자 한다.

여울 동인들의 문운 창대와 발전을 기원한다.

2018. 1.

5월은 여전히 희망이다

살기가 팍팍하다고 아우성이지만 무심한 듯 봄꽃은 예서 제서 소리 없이 피어나더니 이제 아카시아, 라일락의 향훈이 코끝을 간질이는 초여름에 접어들고 있다. 곧 녹음을 이루기 시작할 것이다. 땅에 깔린 야생화에서부터 유아독존의 상징처럼 목을 꼿꼿이 하고 피어나던 고고한 목련에 이르기까지 제자리에서 제 몫을 해내는 일에 충실할 뿐이다. 사람들은 그들이 마치 자신들의 눈을 즐겁게 하기 위해 애쓰는 것인 양 착각하고 찬사를 아끼지 않는다. 풀 한 포기 꽃 한 송이도 이렇게 자신의 소임을 위해 끊임없이 제 일을 해내는데 만물의 영장이라는 사람이야 더 일러 무엇하랴.

어렵사리 합격한 아이의 입학 등록금을 내느라 급하게 빌려온 사채 이자를 대느라 허덕이는 민초에서부터 수십억짜리 부동산에 투자하느라 빌려온 은행 이자를 셈하느라 분주한 갑부에 이르기까지 돈을 마련해야 하는 갈급함에 여념이 없을지도 모른다. 그들 모두 앞에 꽃은 피건만 즐길 수 있을지 없을지는 각자의 몫이다.

광화문에도 봄이 무르녹더니 초하의 계절로 접어들었다. 59년 전 부정부패와 독재정권은 물러나라고 외치다가 선혈을 쏟아 흥건히 땅을 적시고 산화한 4·19혁명의 젊은 학생들을 기억하는지 마는지 모르지만, 초여름 햇살은 여전히 눈부시다. 사람들은 기억이 희미해지고 후세 사람들은 잘 모르고 지날지 모르지만, 시대의 기록자인 문인들만큼은 어제와 오늘을 기록해야 한다. 그것이 문사의 의무이다.

우리는 그런 문인의 중요성을 통감하고 수필이라는 장르가 처한 환경이 척박하기 이를 데 없던 1988년에 월간 『수필문학』을 재창간하는 가시밭길을 택했다. 그 일을 해낸 한국 수필계의 거목 갈석 강석호 선생이 하늘길을 떠난 지 어언 반년이 지나갔다. 이제 우리는 나무들이 마음껏 뻗어 녹음을 준비하는 희망의 계절에 『수필문학』이 또 한 번의 도약을 위해 대오를 정비하고 행군을 계속한다.

지난 3월 20일 태화관 소강당에서 한국수필문학가협회는 이사회를 열고 회칙에 따라 강석호 회장의 후임에 부회장을 맡고 있던 부족한 필자를 만장일치로 선출하였다. 월간 수필문학지를 후원하고 전국의 수필가들을 하나로 모아 구심점 역할을 담당함으로써 수필 발전을 이루어 내고자 이상보 선생을 초대회장으로 하여 1994년에 출범한 한국수필문학가협회는 그동안 명실상부한 수필문학 단체로서 묵묵히 일해오면서 이 나라 수필계의 구심점이 되어왔다. 월간 『수필문학』의 필진이 전국의 모든 수필가들에게 열려 있어서 수필 전문 월간잡지로서의 책무를 다하면서 그 위상과 품격을 지켜

올 수 있었던 것은 한국수필문학가협회의 공이 지대하다 하겠다.

창립 20년이 가까워진 2001년에 와서야 강석호 선생이 회장직을 맡아서 이끌어 오던 중 홀연히 선장을 잃었다. 이제 부족하지만, 중책을 맡겨 주신 회원들의 뜻을 헤아려 가며 그동안 선배님들이 쌓아 오신 공적에 누가 되지 않도록 최선을 다하는 것만이 지금 이 순간 할 수 있는 일일 뿐 다른 선택의 여지가 없다고 판단하고 어려운 짐을 받아 지기로 했다.

『수필문학』의 독자를 확장하고 우수한 필진을 발굴하고 수필문학의 다각적인 발전을 위한 연구와 홍보를 중점사업으로 펼쳐 나가면서 수필문학가의 저력을 더욱 깊이 있게 발전시키고 고무하는 일에 우리 모두 함께 신명을 바칠 때 우리 수필계는 크게 발전할 것이라 확신한다. 자중자애하면서 목표는 높게 걸고 실천은 작은 것에서부터 차근차근해 나가면 티끌 모아 태산을 이루리라고 믿으며 뚜벅뚜벅 걸어갈 것이다. 4반세기 동안 쌓아 온 강석호 회장님의 피와 땀 위에 훌륭한 반세기를 이루어 내기 위해 전국의 수필문학가들의 손을 굳게 잡고 앞으로 앞으로 나아갈 것이다. 뜻을 같이하는 글벗들과 즐겁게 행진해 나갈 것이다.

『수필문학』의 애독자들과 한국수필문학가협회 회원들의 전폭적인 협조를 부탁드리며 전국의 수필가 여러분들께 동참을 호소하는 마음 간절하다. 월간 『수필문학』은 수필의 대중화와 전 국민 대상의 구독자 확보라는 본래의 창립 목적의 달성을 위해 전진해 나갈 것이다.

살림살이가 아무리 각박해도 숲은 우거지고 5월은 여전히 희망이다.

2019. 4. 15.

21세기 여성과 문학
– 아이야 문학관에 놀러가자

세상이 많이 변했다고 하지만 무엇이 어떻게 변했는지 딱 집어 말하라고 하면 얼른 대답이 튀어나오지 않을 것이다. 변한 것은 많은데 어떤 것들이 과연 21세기에 들어서서 변한 것인지 분간이 쉽지 않기 때문일 것이다.

21세기는 어떤 시대일까?

인공지능의 시대.

문학만이 해법이다.

어머니가 문학을 생활화하고 살 대 내 아이는 21세기를 운전하며 사는 아이가 될 수 있다. 그 반대는 변화된 여건들의 노예가 될 수밖에 없다. 아무리 기계화가 극에 달해도 인간의 감성을 대신할 수 있는 기계는 만들 수 없다. 그것은 신의 영역이기 때문이다.

신의 희망사항은 무엇일까? 유한을 아는, 분수를 아는, 주어진 역할에 충실한, 그런 인간을 원한다. 우리는 신의 피조물이지 독립된 주체가 아니다. 어떤 신이건 절대자라고 하는 존재를 부인하고는 살 수 없다.

'아이야 문학관 가자'가 가장 훌륭한 아이를 기를 수 있는 지름길이 될 것임을 미리 아는 어머니는 훗날 함박웃음을 웃을 주인공이 되리라는 소신에는 지금도 변함이 없다.

21세기 여성은 자기 책임의 시대정신에 충실해야 한다. 이제 더 이상 어떤 불평등이나 외적인 이유, 또는 생래적인 여성이라는 약점 등에 핑계를 더 이상 댈 수 없는 엄혹한 현실 앞에 서 있는 것이 21세기 여성의 숙명이다. 역차별 논란에 휩싸일 수 있는 것이 이제 새로운 여성의 숙명이다.

아버지와 어머니의 고정적 역할이 대변화를 완료하는 시대가 21세기라고 본다. 그러나 임신 출산이라는 생래적인 역할은 바꿀 수 없으므로 여성의 역할은 사실상 동일하다. 어쩌면 더 역할이 과중해졌다고 할 수 있다. 여성의 역할이 더 과중해졌다는 현실을 직시해야 21세기를 성공적으로 살 수 있다. 어찌 보면 여성의 심성이나 본성, 그 삶의 모습은 예나 지금이나 똑같다. 그런 의미에서 자랑스런 우리의 선대문인 황진이, 허난설헌, 신사임당, 매창 시를 보자.

동짓달 기나긴 밤을 한 허리 둘헤 내어
춘풍 이불 아래 서리서리 넣었다가
서룬님 오신 날 밤이어드란
구비부비 펴리라 - 황진이

직녀아씨 얼레빗 누가 던졌나
맑은 가을 호수 옥인 양 새파란데

연꽃 깊은 곳 목란 배 매였네
임 만나 물 건너로 연밥 던지고는
혹 누가 알았을까 한나절 부끄러웠네 -허난설헌

21세기는 이렇게 살아야 성공할 수 있다.

1. 남녀의 역할이 따로 없다.
2. 여성의 직역이 넓어진다.
3. 여성이 감성이 무디어지기 쉽다.
4. 여성에게 모성만은 여전히 남아 있다.
5. 가족은 여전히 해체되어 가지만 가족의 새로운 가치부여가 현실화된다.
6 복지가 발달하지만 역시 가족의 사랑이 최고임을 인식하고 새로운 복지 패러다임을 짜게 된다.
7. 일 가정 양립을 열심히 추구해야 한다.

'아이야 문학관에 놀러 가자' 했을 때 아이가 뛸 듯이 기뻐하며 따라나설 때 그 엄마는 성공한 21세기 여성이다.

엄마가 먼저 책을 읽고 글을 쓴다면 아이는 저절로 잘 자란다. 그것은 진리라 해도 과언이 아니다.

국립한국문학관
은평 유치를 위해 전력투구

- 드디어 이루어진 꿈

정성을 다하면 언젠가는 이루어진다는 말이 실감나는 소식이다. 드디어 오랫동안 우여곡절을 겪으며 결정이 미루어져 오던 국립한국문학관 건립 부지가 결정되었다. 우리 은평구의 문인들은 말할 것도 없고 온 구민이 애타게 기다렸던 국립한국문학관 건립 부지가 기자촌 옛터로 결정된 것이다. 폭염 속의 한줄기 소나기 같은 낭보가 아닐 수 없다. 이 기쁨을 함께 나눔과 동시에 회원들께 감사의 인사를 담아 지난 2년을 회고하고자 한다.

이 글은 문학 작품이 아니라 보고서의 형식으로 써 나간다는 입장을 먼저 밝히고 시작하고 싶다.

2016년 3월 은평문인협회 회장에 당선되어 회무를 맡고 보니 워낙 훌륭한 문인들이 많이 살았던 고장이고 역사와 전통을 갖고 있는 지부여서 책임이 막중했다. 어떻게 하면 선배들이 이루어 놓은 좋은 자산들을 잘 지키고 발전시켜나갈 것인가? 하는 중압감에 어깨가 자꾸 무거워짐을 느낄 수밖에 없었다.

그런데 설상가상으로 은평구가 국립한국문학관 건립 부지로 기자촌 옛터가 거의 결정되기 일보 직전에서 약간의 문제로 장애를 만나고 있는 시점이었다. 실질적으로 은평구나 그 부지에 결격사유가 생긴 것이 아니라 여러 가지 상황으로 결정이 지연되고 있는 상황이었다.

은평구는 김우영 구청장을 중심으로 그 일의 성사를 위해 총력을 경주하고 있는 상황이어서 우리 은평문인협회는 구청의 국립한국문학관 은평 유치사업에 전력투구하기로 하고 구청의 하는 일에 적극 참여해야 해서 기존의 사업만 일정 따라 진행하면 되는 것이 아니라 갑자기 일정이 생기면 그 일에 동참하다 보니 정신 차릴 수 없이 분주하고 몸은 집에 있어도 마음은 항상 구청에 출근하고 있는 기분이었다.

게다가 관에서 애써서 하는 일에 우리 은평문협이 돕는답시고 한 일이 오히려 누가 되는 일이 혹시라도 생기면 안 되니까 미리 여러 가지 예상되는 일들을 생각해서 조심하며 행동하려니 더 힘이 들었다. 우리 문인들이 너무 앞서가는 행동을 해서 만에 하나라도 구청이 일을 진행하는 데 걸림돌이 되어서는 안 된다는 대원칙하에 그야말로 엎드려서 필요할 때 소리 없이 동참해서 일을 거들어 나가는 태도를 고수했다.

급기야 국립한국문학관 부지 결정이 전국적으로 관심의 대상이 되면서 자치구들끼리 경쟁이 시작되자 우리는 주민들의 열화 같은 국립한국문학관 은평 유치의 주민 의사를 전달하기 위해 서명운동을 시작했다. 여성운동으로 잔뼈가 굵은 나는 서슴없이 길거리에 회원들을 모시고 나가 서명운동을 벌였다. 회장이야 젊어서 가족법

개정 운동 때부터 해 본 노릇이라 별로 어색하지 않았지만 점잖은 문인들이 거리에 어깨띠를 두르고 나서서 주민들에게 국립한국문학관이 어째서 은평에 와야 하는지를 설명하고 설득하면서 서명을 받는 일은 그리 녹록한 일이 아니었다. 구민들에게 취지를 설명하며 홍보하는 일석이조의 효과를 낸 사업이었다. 구청의 전방위적인 추진과 우리 회원들의 노고가 한데 어울려 결국 28만여 명의 구민 서명을 받아내는 쾌거를 이루었다.

우리 지역에 와야 한다는 지역이기주의가 아니라 객관적으로 생각할 때 북한산을 끼고 있는 데다 한반도의 중심점인 양천리(북으로 의주, 남으로 부산까지 천 리씩 되는 지점, 옛 국립보건원 앞)를 끼고 있는 수려한 북한산 자락 옛 기자촌 부지는 하늘이 예비한 곳이라는 생각에 변함이 없어서 자신 있게 거리에 나설 수 있었다. 연신내 물빛공원, 불광시장 근처 NC백화점 앞, 녹번역 일대의 녹번삼거리, 6호선의 응암역, 서오릉 입구의 구산역과 구산사거리, 서오릉, 진관사 입구의 셋이서문학관, 한옥 역사박물관, 역촌역과 평화공원, 정지용 초당터 입구 양광교회 앞 등 여러 곳에서 수차례의 서명 행사를 벌여 주민들의 참여 열기를 불러일으켰다.

구청이 정지용 시인이 초당을 짓고 납북될 때까지 살았던 초당터를 찾아 그곳에 정지용 초당터라는 현판을 붙이는 날 우리 은평문협은 그 행사의 기념시 낭송회를 현판식에서 간단히 하고 그날 밤에 시와 음악이 흐르는 밤이라는 그동안 해 오던 은평문협 시낭송회를 정지용 초당터 현판식 기념시 낭송으로 정지용의 시를 중점적으로 낭송하고 회원들의 시를 2부에 낭송토록 편성하여 열기를 돋우었다. 정지용 초당터 현판에는 정지용의 시 녹번리를 새겨 넣었다.

일일이 다 열거할 수 없을 정도로 은평구의 계획과 추진에 따라 모든 행사에 은평 문인들은 열 일을 제쳐두고 최우선적으로 참여하면서 힘을 실었다. 옥천으로 정지용 축제에 참가하고 윤동주 서시의 밤도 열었다.

은평구는 이호철 통일로 문학상을 신설하고 2017년 9월 초 상징적으로 그 시상식을 비무장지대 안에서 거행하였다. 여러 대의 버스로 참가자들이 이동해서 가는 일에 은평 문인들은 혼신의 힘을 다해 문인과 친지들을 초청하여 모시고 갔다.

은평과 인연이 있었던 대표적 문인들을 초청한 문학 콘서트를 수차례 열 때마다 우리 은평 문인들은 역시 최우선적으로 참여하였다. 그 콘서트의 문인들이 선정되는 과정이나 대상에서 은평 문인들이 소외되는 문제들이 내부에서 지적되기도 했지만, 대승적 차원에서 모든 것을 참고 구청의 결정에 일사불란하게 협조만을 원칙으로 진행하였다.

이런 일련의 일들로 해서 회장을 맡고 있는 내가 어떤 이익을 받을 것이 하나도 없기에 회원들의 불평이 심하게 대두되지는 않았다. 왜 우리가 구청이 정하는 대로 따라만 가야 하느냐의 회원들 지적은 맞는 말이었기에 큰일의 진행을 위해서 살신성인의 정신으로 협조하는 것이라고 설명하여 전 회원이 한 덩어리가 되어 정말 신나게 돕고 일했다.

은평의 거리에 은평을 거쳐 갔던 문인들의 시와 현 은평문인협회 회원들의 글이 밴드 현수막으로 제작되어 일제히 나부껴서 은평은 온통 문학촌이 되기도 했다. 그야말로 감동이었다. 은평역사한옥박물관은 은평문협 회원들의 저서를 모두 구입해서 특별 전시하고 수장해 주었다. 우리의 왕성한 활동이 얻어낸 큰 수확이라고 생각되어 감사드리면서 조건 없이 무슨 일을 열심히 하면 반드시 열매는 열린다는 교훈을 또 하나 얻는 일이기도 했다.

내 임기 2년 동안의 모든 은평문협 행사는 국립한국문학관 은평유치사업에 앵글이 맞춰지고 기존의 모든 행사가 전부 그 사업을 위한 행사로 명명되고 진행되었다. 불굴의 의지로 열성을 다했던 김우영 은평구청장이 불출마를 선언하여 국립한국문학관 은평 유치의 결말을 보지 못해 뜻을 이루지 못하고 임기를 마쳐 물러났지만, 은평구는 그 사업 추진은 계속하였다. 결과야 어찌 되든 간에 우리는 옳은 일이라고 생각해서 최선을 다한 것에 대해 후회는 없었다. 추진하던 구청장도 물러나고 은평문협의 회장도 내가 임기를 마치고 김순진 신임 회장이 배턴을 이어받았다. 젊고 역동적인 능력 있는 새 회장을 중심으로 은평문협은 더욱 생동감 있게 활동을 계속하고 있으며 국립한국문학관 문제는 그동안 문단의 관심사였기에 예의 주시하고 있었다. 보고하는 기분으로 이 글을 쓰고 있지만 빠진 부분도 많고 체계적인 보고서는 못 된다고 본다.

2017년 12월의 윤동주 탄생 100주년 기념 콘서트를 그의 모교 숭실학교 100주년 기념관에서 열었다. 윤형주의 세시봉이 주축이 되고 김응교 교수의 진행으로 원로 김형석 교수가 윤동주의 생전 모습을 생생하게 전해주는 30분 대담으로 시작된 그날 콘서트는 장내를 숙연케 했다. 육촌형을 말하는 윤형주 장로의 촉촉한 음성은 오래도록 청중의 가슴을 적셔 주었다.

도를 닦는 기분으로 하늘에 맡기고 기다리는 심정이 되었을 때 부지 확정의 소식이 날아들었다. 진정 인간이 손을 놓는 순간에 신은 도우시는 것인가 보다. 기쁘다. 한량없이 기쁘다.

그동안 한 일을 자랑하려 함이 아니라 문인은 시대의 기록자라는 평소의 생각에 충실하고자 기록으로 남기고자 몇 자 적어 보았다.

그동안 애써 주신 김우영 전임 은평구청장님의 문학 사랑과 구청의 관계자 여러분께 깊이 감사드리며 함께 해 주신 회원들께 진심으로 감사드린다. 신임 김미경 구청장께서 지속적으로 국립한국문학관 건립과 관계된 모든 일에 적극적인 협조를 아끼지 않으시리라 믿고 전폭적인 협조를 간곡히 부탁드리는 바이다.

이제 우리 은평 문인들은 자신의 문학 세계를 깊고 넓게 가꾸는 개인적인 일 외에 구민들의 문학 향수 기회를 넓혀주는 일에도 더욱 봉사해야 할 책무가 하나 더 생겼다고 생각한다. 이런 일련의 일들을 위해 회장을 중심으로 한 임원진들의 일사불란한 추진과 회원들의 하나 된 협조가 어느 때보다도 필요하다.

국립한국문학관이 들어서고 주변에 예술인 마을이 형성되고 북한산 둘레길에 문학비로 꾸며진 문학 공원이 조성되는 아름다운 꿈이 이루어지기를 바라면서 기자촌 옛터가 거듭나고 국립한국문학관이 한국의 명품에 그치지 않고 세계적 명품으로 우뚝 설 날을 손꼽아 기다린다. 설레는 가슴을 쓸어내리며 북한산의 우람한 능선을 올려다본다.

2018. 11. 15.

국립한국문학관
은평 유치의 꿈 실현

국립한국문학관의 부지가 드디어 은평구의 옛 기자촌 자리로 결정되었다. 3년여의 줄기찬 유치활동이 드디어 결실을 본 것이다. 누구나 자신이 추진하던 일이 이루어지면 기쁘기 마련이지만 이번 국립한국문학관 은평 유치 결정은 낭보 중 낭보가 아닐 수 없다.

전임 김우영 구청장의 문학에 대한 깊은 애정과 국립문학관 자리로 기자촌 옛터만 한 곳이 없다는 확신에 찬 추진이 오늘의 결과를 가져왔다. 열성적으로 그 일에 전념하는 은평구 문화관광과의 팀원들과 호흡을 맞추면서 우리 은평문인협회 회원들도 힘을 모았다.

28만여 명의 구민 서명을 받아내는 일에 동참하여 서슴없이 어깨띠를 두르고 거리로 나가기를 주저하지 않은 회원들께 다시 한번 감사의 인사를 드린다. 전철역으로, 연신내 물빛공원으로, 역촌역 평화공원으로, NC백화점으로, 진관사 입구로, 사람이 많이 모일 만한 곳을 두루 돌며 주민들에게 국립문학관이 우리 은평구에 와야 하는 이유를 간곡히 설명하고 서명을 받음으로써 취지의 홍보를 함께 해낸 것이다.

뙤약볕도 마다않고 열심히 동참해 준 회원들의 정성이 오늘의 결과를 있게 한 또 하나의 원동력이었음에 고맙다는 인사를 아니 드릴 수 없다. 정지용 시인과 윤동주 시인의 관련 행사를 벌이고 정지용 문학제에 참여하러 옥천까지 가는 일에도 많은 회원들이 동참해서 열성을 보여주었다.

두 시인을 기리는 시 낭송회를 개최하고 특집을 만들고 은평구청은 정지용 초당 자리에 표지판을 부착하여 분위기를 고조시켰다. 윤동주가 다녔던 숭실고등학교 100주년 기념관에서 윤동주 시인 탄생 100주년 기념 콘서트를 열어 은평 문인들은 물론이고 주민들의 마음을 따뜻하게 녹이며 문학 향수의 기회를 만들어 주었다.

은평에 사는 문인이라는 입장만이 아니라 이 나라의 문인으로서 국립한국문학관이 정말 좋은 자리에 들어서야 한다는 일념으로 구청의 방대한 계획의 지극히 일부를 도왔을 뿐이지만 이 막중한 일의 진행 중에 은평문인협회 회장의 중책을 맡았던 행운에 감사하며 여러 일들을 진행하는 데 있어 기꺼이 협조하며 동참해 준 회원들께 머리 숙여 감사드린다.

기자촌 옛터는 경관이 수려하고 부지가 넓어 국립한국문학관이 들어서고 그 주변에 예술인 마을 등을 조성하여 문인들의 창작 공간도 만들 수 있고 북한산 둘레길에 문학비 등을 세워 문학 공원도 조성하는 등 여러 가지 부대시설을 마음껏 할 수 있는 여건을 갖추고 있어 꼭 이곳이어야 된다는 생각에서 정신없이 유치활동에 열을 올렸다. 꼭 내가 사는 동네에 유치하고 싶다는 이기적인 생각이 아니었기에 결정 소식을 접했을 때 정말 기뻤다.

그동안 애써 주신 김우영 전임 은평구청장님을 비롯하여 관계자 여러분들께 감사드리며 신임 김미경 은평구청장께서 지속적인 관심으로 구청이 해야 할 여러 가지 일들을 중앙정부와 긴밀히 협조하여 훌륭한 국립한국문학관이 건립될 수 있도록 잘 해주시리라 믿으며 전폭적인 협조를 간곡히 부탁드린다.

은평 문인들은 큰일을 해낸 뿌듯한 자긍심을 갖는데 그치지 않고 은평 주민들의 문학 향수 기회를 넓혀주는 일에 첨병이 되는 봉사 정신으로, 자신의 문학발전에 더하여 이웃의 삶에 정서가 메마르지 않게 관심을 가져야 할 것 같다. 문학을 통한 소통에 앞장서는 작가로 거듭날 수 있다면 그보다 더 좋은 일이 없을 것이다. 국립문학관이 들어서는 동네에 사는 문인은 어디가 달라도 좀 달라야 할 것 아닌가 하는 생각에서 주제넘게 권면해 본 말이다.

국립한국문학관이 국가적인 명품에 그치지 않고 세계적인 명품이 되기를 기대하며 부지 확정을 환영하는 바이다.

번역원과 함께 우리도 돼지꿈을

숨 가쁜 한 해를 보내고 새해를 맞았다. 다사다난한 한 해였다는 상투적인 표현을 쓰기 싫지만, 지난해는 정말 다사다난했던 것 같다. 평창 올림픽에서 빙판을 녹일 듯이 불어제친 훈풍에서 시작하여 한여름에는 금세 엄청난 일이 일어나고야 말 것 같은 열풍이 불었다. 이런 역사의 소용돌이 속에서 우리 국제펜한국본부는 제4회 세계한글작가대회를 무사히 치러 내는 데 성공했다. 3·1운동 100주년을 앞서서 기념하는 이번 대회는 더 무게 있게 진행되었다.

가을이 무르녹아 겨울을 부를 즈음 드디어 국립한국문학관 부지 선정이 매듭을 짓게 되어 문단에 큰 선물이 되었다. 우여곡절을 겪었지만 드디어 서울특별시 은평구 옛 기자촌 자리를 최초의 국립한국문학관 부지로 결정한 것이다. 그동안 문단의 주목을 받아온 일의 첫 단추가 끼워졌지만, 그 건축보다 더 중요한 것이 그 안에 채워질 내용임은 두말할 필요가 없을 줄 안다. 그동안 열성적으로 부지 선정에 참여해 왔던 우리 국제펜한국본부는 앞으로 그 내용의 기획 단계에서부터 적극적으로 참여하여 훌륭한 국립한국문학관이 탄생되도록 배전의 노력을 다해 나갈 것이다.

새해 들어 우리는 숙원이던 번역원의 현판식을 거행하고 명실상부한 한국문학 세계화의 길에 첨병이 되는 국제펜한국본부의 본분을 성실히 수행하기 시작했다. 그동안 오랜 준비를 거쳐 발족한 번역원은 우리 펜 회원들의 정성과 열렬한 참여로 막중한 임무를 감당해 나갈 수 있으리라고 본다. 백지장도 맞들면 낫다는 말은 그냥 속담만이 아님을 우리는 잘 안다. 이제야말로 우리 펜 회원들이 한마음 한뜻으로 신생아 번역원을 잘 보듬어 안고 함께 키워나가면서 적극 활용하여 우리 한국문학을 세계에 널리 알리는 일을 과감하게 실천해 나가야 한다.

또한, 이번 제4회 세계한글작가대회에서 대두된 해외 교포 2세, 3세들의 한국어 문맹 문제는 앞으로 해외 한글 작가 고갈로 이어질 수밖에 없을 것이므로 이를 막을 수 있는 현명한 방법이 모색되어야 한다는 시급한 과제를 던져 주었다. 문학을 통한 교류의 확대와 지속적인 관심으로 해외 교포들이 후대에게 한글을 가르칠 수 있도록 유도하는 활동은 문학 혼자의 힘으로 될 일이 아니겠지만 그래도 가장 가까운 접근 방법은 문학에서 찾을 수 있으리라고 생각한다. 국가적 차원의 정책 문제이지만 그런 중요성을 일깨우고 촉진 시키는 일은 우리들의 몫이라고 생각한다.

문학을 지원하고 육성하는 일이 얼마나 중요한 것인지 정책 당국자들이 제대로 인식할 수 있도록 적극적으로 우리 자신이 나서야 한다. '저 좋아서 쓰는 글에 원고료를 왜 지원할까'라는 생각을 만에 하나라도 갖고 있다면 그 생각을 바꾸도록 일해야 하고 그 원고들이 나라를 제대로 세우고 국민의 심성을 맑히고 건강하게 하는 원동력임을 보여 주어야 한다. 그러려면 우리 문인들 자신이 사회의 소금임을 먼저 자각해야 한다.

문인이 사회의 소금임을 망각하면 문학은 공공의 이익이나 공공의 선과 아무 관계가 없는 자신들의 유희로 갇히고 말 것이다. 그런 것에 무슨 지원을 할 필요가 있겠는가? 문인 자신이 사회적 소명자임을 똑바로 인식할 때 문학은 빛을 발하고 생명력이 넘칠 것이다. 문인들의 복지를 위해서 목소리를 높일 필요가 있고 문단은 그 일을 위해 힘을 합쳐 나가야 한다.

옛 선비의 기개를 이어가는 문인이어야 문인이라 할 수 있다. 우리 국제펜한국본부 회원들이 안으로는 선비의 품격을 드높이고 밖으로는 한국문학을 세계에 적극적으로 알리는 새해가 되기를 바란다. 황금돼지의 해라고 모두들 들떠 있는데 우리도 야무진 돼지 꿈 한번 꾸어보자. 우리 펜 번역원이 번역 출간하는 도서를 국가가 일정량 구입해서 전국의 국공립 도서관 등에 비치해 주는 지원제도를 실행해 주기를 제안하고 실현을 위해 적극적으로 노력하고 기도하자.

이제는 어떻게 먹고 입느냐의 고민에서 무엇을 생각하느냐가 중요한 국민으로 대접받을 때가 되었다. 국가도 그렇게 생각하리라 믿어 의심치 않는다. 국민의 문화 향수 의지가 더 앞서가고 있을 뿐이다. 올해에는 우리도 돼지 꿈 한 번 야무지게 꾸어보자. 황금

돼지를 내 것으로 만들어 보자. 우리의 꿈이 실현되는 날 비로소 우리는 평안하고 안정된 한 해를 보냈노라 회고하는 행복한 국민이 될 수 있을 것이다.

2018. 1.

정보도 나누고 미래도 설계하고

유록의 숲이 녹음에게 자리를 내주는 5월 그믐날 아침 8시 용사의집 앞에서는 중후한 여성 지도자들을 태우느라 관광버스가 바빴다. 비교적 시간을 지켜 일찍 서울을 벗어난 차는 남으로 남으로 신나게 달렸다. 음식이 상할세라 신경을 쓴 사무처의 배려로 충무김밥을 손에 든 일행은 행복했다. 그 세심한 마음 씀에 감동하였고 이른 아침을 못 먹고 나온 사람들의 미각을 돋워주는 기쁨을 함께 누릴 수 있어서이다.

한국여성단체협의회 여성 지도자 워크숍은 이렇게 2012년 5월 31일 오전 8시에 시작하여 6월 1일 오후 8시 서울 도착으로 풍성하게 진행되었다. 전북 방문의 해라는 점을 감안해서 일부러 전북으로 장소를 정한 이번 워크숍은 오전 11시에 전주에 도착해서 전북여협의 영접을 받는 것으로 첫 순서를 시작하였다.

전주비빔밥을 빼놓을 수 없어 가족회관의 오찬장에서 전

북 여협과의 시간을 가진 뒤 오목대와 경기전 전주 전동성당 등을 둘러보고 한옥마을을 한 바퀴 도는 것으로 아쉬움을 달래고 새만금을 돌아보러 군산을 향해 떠났다. 군산의 새만금 전망대에 올라 여의도의 4배 면적인 그곳에 들어설 미래도시의 영상 홍보물을 보면서는 마치 우주 어느 곳에 와 있는 것 같은 착각에 빠질 지경이었다. 군산시장 부인의 씩씩한 모습에서 군산의 활기를 느낄 수 있었다.

확 트인 새만금방조제를 시원하게 달린 후 변산반도의 절경을 휘돌아 모항 호텔에 도착하니 부안군수 부인과 여협 임원들이 기다리고 있었다. 여장을 가볍게 풀고 곧 워크숍의 개회식을 가졌다. 김정숙 여협 회장의 개회사에 이어 부안 군수 부인은 환영사로 우리를 친절히 맞아 주었다. 부안을 기억하고 찾아 달라는 호소에 가까운 홍보는 진솔함을 넘어 열정이었다. 부안의 특산물들을 열거해 가며 부안의 우수성을 강조하는 부인의 간곡한 부탁의 말을 들으면서 정치인의 아내라는 자리가 어떤 것인지 웅변으로 보여주고 있는 것 같아 연민의 정이 느껴지기까지 했다. 저만한 내 고장 사랑을 가진 사람이 자치단체장의 내조자라면 그 지역 사람들은 행복한 편이라는 생각이 들었다.

김정숙 회장의 주제 강연은 언제나처럼 우리의 아직도 열악한 여성 현실을 통계로 고발하며 열을 띠었고 참가자 모두는 또 한 번 주먹을 불끈 쥐는 시간이 되었다. 역차별 운운하는 일부 남성들의 농담 반 진담 반의 여성 상위 논란을 일거에 잠재우기에 충분한 증거들을 제시한 이 날 강의는 워크숍의 열기를 고조시키는 데 충분하고도 남음이 있었다.

이어서 레크레이션 강사의 웃음 치료를 겸한 여러 가지 여흥을 즐김으로써 지도자들 간의 친목을 돈독히 하는 좋은 시간도 가졌다.

이렇게 마음들을 열고 난 후 허심탄회한 자유토론 시간을 가졌다. 단체의 소개에서부터 고충, 애환, 자랑, 보람, 홍보에 이어 여협에 대한 바람과 건의를 비롯해 여협과 모든 단체의 발전을 위한 여러 가지 좋은 제언들을 쏟아 놓고 서로 더 발전할 수 있는 방안을 강구하는 진지하고 보람 있는 시간을 가졌다. 사실 워크숍의 토론은 이미 버스 안에서 1막을 열고 진지한 의견 교환을 나눈 터였다. 자리를 뜰 줄 모르는 지도자들의 열정을 보면서 아무나 단체를 이끌고 가는 것이 아니라는 생각이 저절로 들었다. 밤이 새도록 해도 끝나지 않을 토론을 아쉽지만, 내일을 위해 접기로 하고 잠자리에 들었다.

이날 워크숍 도중에 커튼을 걷어 올리고 함께한 모항의 해넘이는 오랫동안 우리 가슴에 남아 있을 것이다. 정말 환상이었다. 지형상 바다로 해가 떨어지는 것을 볼 수 없는 것이 유감이긴 했지만 그래도 변산에서 보는 해넘이라 감동적이었다. 불 먹은 해, 십장생 그림의 그 해는 우리의 앞길을 축복해 주고 있었다.

지도자들의 상호 경험을 교류하고 좋은 제언들을 쏟아낸 워크숍으로 재충전을 듬뿍 받은 지도자들은 아침 일찍 일어나 바닷가를 산책하고 북엇국으로 아침을 먹어 어젯밤의 피로를 깨끗이 씻어내고 고창으로 떠났다.

선운사의 동백은 이미 졌지만 그 푸른 동백 숲을 보는 것만도 압권이었다. 절 마당 입구의 고인돌에 올라앉아 익살을 부리는 사람도 있고 숲길을 걸으며 떠날 줄 모르는 일행들을 재촉하여 미당 서정주 문학관으로 발을 옮겼다. 그래도 여성 지도자들이 고창에 와서 미당을 아니 만나고 간다는 것은 말이 아니어서 그랬다.

모처럼 여성 지도자들을 단체로 만난 문학관장 서동진 시인은 감격해서 우리를 정성껏 안내하였다. 오랜만에 문인 이외의 중요 인사들을 만난 서 시인은 센스 있게 「신부」라는 미당의 시 한 수를 낭송해줌으로써 우리 마음을 사로잡아 녹여버리고 만다. 신혼 초야에 신부의 족두리를 미처 풀지 못하고 소변을 보러 나가던 신랑이 문고리 돌쩌귀에 바짓가랑이가 걸린 것을 신부가 그새를 못 참아 자신을 붙드는 것으로 오해하고 그길로 줄행랑을 쳤다가 늙어 빠진 후에 그 근처를 지나다가 옛 생각이 희미하게 떠올라 그 방문을 열었더니 녹의홍상에 족두리 쓴 그대로 앉아 있는 신부를 발견하고 족두리를 풀어 주려 손을 얹으려는 순간 폭삭 재로 삭아져 내렸다는 시다.

다홍재 초록재만 남았더이다.

숨이 멎는 것 같은 감동을 안고 미당 문학관을 나오는 여인들의 가슴은 화롯불처럼 타고 있었다. 멋쟁이 시인님 고맙습니다.

전북을 벗어나 전남으로 향했다. 대나무의 고장인 담양에 가서 죽녹원에 들러 푸른 대의 기상을 품어 보며 죽림욕이라는 호사를 누린 후 다시 전북 순창으로 향했다. 그 전의 점심 떡갈비는 다이어트고 뭐고 안 먹고는 못 배길 만큼 입안에서 사르르 녹는 맛이 일품이었다.

순창은, 임금님께 진상했다는 고추장을 그냥 두고 갈 수 없어 들렀다. 여성 지도자들은 역시 훌륭한 가정 지도자를 겸하고 있음을 여실히 증명하는 시간이었다. 오묘한 순창 장아찌에 막걸리 한 사발을 준비한 주인의 상술도 돋보이는 대목이었다. 매실고추장은 동이 날 지경이고 손에 손에 봉지들을 힘겹게 들고서야 차에 오르며 그래도 미진해서 자꾸 뒤를 돌아보는 이들이 적지 않았다.

거기까지 동행한 전북 여협의 임원들을 내려 줄 겸 우리도 전주 한옥마을에서 쇼핑도 할 겸 다시 전주로 와서 한옥마을에 내려 전주 특산 기념품들을 사 들고 전북을 떠났다. 그때가 5시를 훌쩍 넘긴 시간이었으니 어지간한 배짱이다. 고속도로를 달려 정안 휴게소에서 저녁을 먹고 서울에 도착하는 대장정을 무사히 마치고 새로운 다짐으로 싱싱해진 지도자들은 가벼운 발걸음으로 귀가했다. 아주 작은 사고도 없이 무사히 큰일을 잘 끝낸 여협 사무처는 긴 한숨을 토해냈다. 아마 이 열기가 9월의 33차 세계여성대회를 성공적으로 이끌어 갈 원동력이 될 것이라 믿어 의심치 않는다. 여협, 그리고 모든 회원단체와 그 여성 지도자들의 앞길에 영광 있으라!

계단 좀 내다 버려

오경자 수필집

2022년 10월 1일 초판 인쇄
2022년 10월 5일 초판 발행

지은이 / 오경자
발행인 / 강병욱

발행처 / 도서출판 교음사
편집 / 수필문학사 편집부

03147 서울 종로구 삼일대로 457 수운회관 1308호
Tel (02) 737-7081, 739-7879(Fax)
e-mail : gyoeum@daum.net
등록 / 제2007-000052호

* 잘못된 책은 바꿔 드립니다. 값 13,000원

ISBN 978-89-7814-875-7 03810